Jana Steingässer (Jahrgang 1976) hat bis heute ein großes Idol: Pippi Langstrumpf. Deshalb findet sie auch, dass wir uns alle trauen dürfen, ein bisschen mehr wie Pippi zu sein. Mit ihrem Mann und ihren vier Kindern lebt die Autorin in ihrer eigenen kleinen Villa Kunterbunt samt Mini-Zoo mit Hühnern, Katzen, Hunden, Schildkröten und Pferden. Die Ideen zu ihren Büchern kommen ihr entweder auf Reisen oder in ihrem windschiefen, doppelstöckigen Baumhaus im Garten, in das sie sich gerne zum Schreiben zurückzieht.

JANA STEINGÄSSER

Paulas Reise

oder

Wie ein Huhn uns zu Klimaschützern machte

Verlag Friedrich Oetinger · Hamburg

Für Klaus. Weil er weiß, was auf dem Spiel steht,
und nicht nur redet, sondern handelt!

Inhalt

WIE ALLES BEGANN –
Frühstücksei mit Folgen

Ich bin Paula, und das ist meine Zwerghenne Emma.

Emma ist eigentlich ein ganz normales Huhn. Abgesehen davon, dass sie schon in meinem Bett übernachtet hat. Und sie hockt gerne auf meiner Schulter, wenn ich mich im Walnussbaum verstecke und lese. Einmal ist sie sogar auf meinem Schoß eingeschlafen.

Ich konnte an Emma nie etwas Ungewöhnliches entdecken – bis sie ihre allerersten Eier legte. Mitten im Dezember. Das ist ziemlich seltsam. Unsere Hühner leben nämlich ohne Wärmelampe und Licht, die so tun, als ob das ganze Jahr lang Sommer wäre. In der dunklen und kalten Jahreszeit legen sie deshalb normalerweise keine Eier. Was sollen sie in der Eiseskälte auch mit Babys? Sie können ihnen ja schließlich keine Wollsocken und Schneeanzüge anziehen.

Der Dezember, den Emma für ihren großen Auftritt wählte, fühlte sich aber nicht wie ein Winter an. Es war sehr sonnig und warm. So warm, dass meine Familie und ich in T-Shirts im Garten Krocket spielten. Unsere Hennen flitzten aufgeregt um uns herum. Sie wissen, dass wir bei der Gartenarbeit Würmer ans Tageslicht holen. Ihre Leibspeise. Vielleicht hielten sie die Krocketschläger für Spaten? Jedenfalls ließen sie uns keine Sekunde aus den Augen. Eine Henne fehlte aber in der Hühner-Gang: Emma!

Emma vor ihrem Hühnerhaus.
Gerade sind neue Hennen
bei ihr eingezogen.

Meine Mutter lief zum Hühnerhaus und fand sie dort in der Brutkiste. Unter ihr lag ein kleines braunes Ding: Emmas erstes Ei!

War Emma verrückt geworden? Oder war sie vielleicht einfach nur verwirrt? Schließlich fühlte sich dieser Dezember eher an wie ein Frühling. Und da sorgen Tiere normalerweise für Nachwuchs. Ja klar: Emma war einem »falschen Frühling« auf den Leim gegangen. Und da war sie nicht die Einzige. Immer öfter werden Lämmer im Winter geboren, oder Zugvögel machen sich viel zu früh auf den Weg.

»Woran liegt das? Wissen die Tiere denn plötzlich nicht mehr, wann der Winter aufhört und der Frühling anfängt?«, wollte ich wissen.

»Wir könnten ihnen einen Kalender in den Stall hängen«, scherzte mein Vater.

»Das sind die Auswirkungen des Klimawandels«, erklärte meine Mutter. Ich war nicht ganz sicher, was sie damit meinte.

»Was macht der?«, hakte mein Bruder Mio nach. Er will Tierforscher werden.

»Wohnt der jetzt in unserem Garten?«, mischte sich auch meine Schwester Hannah ein.

Meine Eltern kamen offensichtlich ins Schwitzen. So viele schwierige Fragen auf einmal!

Hast du schon einmal vom Klimawandel gehört? Ich schon. Zum Beispiel, wenn in Asien große Überschwemmungen sind oder in Amerika riesige Waldflächen in Flammen aufgehen. Aber das ist ja weit weg von Deutschland.

»Oder gibt es den Klimawandel auch bei uns?«, überlegte ich jetzt, mit Emmas Ei vor meiner Nase. »Und habe ich was damit zu tun?«

Ich glaube, diese Frage gab meinen Eltern den Rest.

Wären wir eine ganz normale Familie, wäre vielleicht nichts weiter passiert. Vielleicht hätten wir Emmas Eier in die Pfanne gehauen und den Klimawandel einfach wieder vergessen. Aber meine Eltern sind Journalisten. Sie stecken ihre Nase gerne in alles Mögliche. Deshalb beschlossen sie, auf einer Reise um die Welt all unseren Fragen nachzugehen. Mittendrin meine Geschwister und ich.

Und das sind wir:

Mein Papa **Jens** ist Fotograf mit Schwimmhäuten zwischen den Fingern. Jedenfalls behauptet er das. Das liegt daran, dass er am liebsten vom Wasser aus die Welt entdeckt. Aber er macht auch alle möglichen anderen Sachen mit, zum Beispiel wochenlang durch Albanien reiten, obwohl er noch nie auf einem Pferd gesessen hat.

Emma und ihre Hühner-Freundinnen wohnen in unserem Garten, gemeinsam mit vier Schildkröten. Zu unserem kleinen Zoo gehören außerdem die drei Islandpferde Fjalla, Spöng und Ós, unsere Hunde Rula und Oscar und Kater Mo.

Mein Bruder **Mio** ist zwar sieben Jahre jünger als ich, aber er ist ein echter Besserwisser. Leider muss ich zugeben, dass er meistens recht hat. Niemand in unserer Familie kennt sich so gut mit Tieren und Pflanzen aus wie er. Mit seinen Adleraugen entdeckt er immer als Erster die Tiere, die sich in unserer Nähe verstecken.

Ich heiße **Paula**, und als Emma ihr erstes Ei legt, bin ich schon 12. Seit ich auf der Welt bin, nehmen mich meine Eltern mit auf ihre Reportage-Reisen. Deshalb habe ich schon mit Rentierhirten in den schwedischen Bergen gelebt, war in Australien in der Schule, hatte Schwimmunterricht mit Delfinen und bin auf Kamelen geritten. Am liebsten gehe ich aber mit meinen Islandpferden in den Wald, wo wir so schnell galoppieren, dass uns unsere Mähnen und Haare um die Ohren fliegen.

Meine Mama heißt **Jana**. Sie schreibt Bücher und Reportagen und ist schon immer ganz viel gereist. Oft erzählt sie uns, was ihr und Papa unterwegs alles passiert ist, bevor wir vier Kinder mit losziehen durften. Sie hat einen echten Tierfimmel, und deshalb haben wir zu Hause auch einen kleinen Zoo.

Frieda ist meine kleinste Schwester und eine richtig wilde Gurke. Sie hat vor nichts und niemandem Angst und hält sich für dreimal so groß und stark, wie sie wirklich ist. Wir müssen immer schauen, wo sie gerade steckt, weil sie gerne auch mal eine Runde ohne uns durch Grönland dreht oder sich heimlich ein Pferd schnappt, um springen zu üben. Obwohl sie zehn Jahre jünger ist als ich, will sie mir am liebsten alles nachmachen.

Hannah, die acht Jahre nach mir geboren wurde, ist eine richtige Kichererbse. Sie lacht immer und liebt es, neue Freunde zu finden, egal ob in Grönland oder Südafrika. Wer dabei nie fehlen darf, ist ihr Eisbär Eisi. Wenn es Hannah und Eisi zu trubelig wird, kuscheln sie sich einfach ins Bett oder ins Zelt und schlafen. Da kann neben ihnen sogar eine Silvester-Rakete hochgehen, die beiden wachen trotzdem nicht auf.

GRÖNLAND –
wo der Nikolaus dem Osterhasen begegnet

Im Winter reise ich mit meiner Familie in die Arktis, genauer gesagt in den ziemlich menschenleeren Osten von Grönland. Ich bin total aufgeregt, und mir gehen viele Fragen durch den Kopf. Wie leben die Menschen in einem Land, in dem es kaum Straßen gibt? Werde ich echten Eisbären begegnen? Was werden meine Familie und ich essen? (Bei den Inuit-Familien kommen Robbe, Wal und Eisbär auf den Tisch – ziemlich blöd für mich, ich bin nämlich Vegetarierin.) Ich gehe mit Jägern auf Robbenjagd und lebe in einem Dörfchen am Rande des grönländischen Eisschildes. Und ich finde heraus, warum sich hier Osterhasen und Nikoläuse ein Regal im Supermarkt teilen müssen, warum Ostern verschoben wird und was um alles in der Welt das eigentlich mit Klima und Klimawandel zu tun hat.

Von oben sieht man die Berggipfel
der einsamen Ostküste

Wir landen in Kulusuk am völlig eingeschneiten Flughafen

Ankunft in der Arktis

Festhalten! Wir sind gleich da!« Mio freut sich auf den Rums, wenn das Flugzeug auf der verschneiten Landebahn aufsetzt.

»Können Flugzeuge sicher auf Schnee landen und bremsen?«, frage ich mich plötzlich. Woher sollte ich das auch wissen? Schließlich war ich noch nie in einem Land, in dem es so kalt ist, wo so viel Schnee liegt und ein fetter Eispanzer das Land bedeckt. Das ganze Jahr über. Der grönländische Eisschild ist so hoch wie die Zugspitze, und die ist immerhin Deutschlands höchster Berggipfel. Nur die Ränder Grönlands sind eisfrei. Und genau da reisen wir hin, weil hier zumindest ein paar Menschen leben und es einen Supermarkt gibt.

Die kleine Maschine kommt sogar ganz problemlos zum Stehen. Dann aber hören wir die Ansage des Kapitäns: Wir sollen zügig zum Flughafengebäude laufen! Wir sehen uns verwundert an. Hat es der Pilot etwa so eilig? Von wegen! Als wir den Grund erfahren, laufen wir, so schnell es mit unseren Rucksäcken geht: Vor ein paar Tagen hat eine Eisbärenmutter die Fluggäste auf dem Rollfeld begrüßt!

Dass das größte Landraubtier der Erde auf Grönland lebt, weiß ich schon aus Büchern. Jetzt erinnern mich auch die Eisbärenfelle daran, die vor den Holzhäusern in Laufentfernung vom Flughafen in der Sonne trocknen.

»Ich will einen Eisbär sehen!«, ruft Frieda.

»Ja! Ich auch! Und wir nehmen ein Eisbären-Baby mit nach Hause!« Hannah drückt ihr Lieblingskuscheltier Eisi an sich, das vom vielen Kuscheln schon so labberig ist wie ein Handtuch.

»Sehr witzig. Was meinst du, wie sich das bei uns in Deutschland fühlen würde?«, fährt Mio dazwischen. Besserwisser! (Aber er hat natürlich auch dieses Mal recht.)

»Wieso? Wir haben doch einen großen Garten und sogar einen Schwimmteich«, sagt Hannah.

»Aber es ist viel zu warm bei uns. Eisbären mögen arktisches Klima!«, erklärt Mio.

»Ja und? Bei uns gibt's auch manchmal Schnee, du Hirni«, sagt Hannah und streckt ihm die Zunge raus. »Und wenn nicht, haben wir ja auch noch eine Gefriertruhe. In der mache ich dann eben Eis.«

»Schon, aber Schnee haben wir nur manchmal im Winter. Je nach Wetterlage«, versucht Mama den Streit zu schlichten.

Ich schweige. Weil mir von einer Frage der Kopf schwirrt: Was ist eigentlich der Unterschied zwischen Wetter und Klima?

VON OBEN NACH UNTEN:
Anflug über das Packeis · Dorfleben · Eisbärenfelle vor den Häusern · Hannah und ihr Eisbär

Frostige Wäscheleinen

Trocknet eigentlich Wäsche in der Eiseskälte? Jawohl, sogar sehr gut! Am besten bei Minusgraden und leichtem Wind. Dann gefriert das Wasser in der Wäsche erst und geht dann in den gasförmigen Zustand über. So kann man auch den Wäschetrockner im Winter ausgeschaltet lassen. Und das spart richtig viel Energie.

Heute Regen, morgen Sonne, manchmal Schnee – ist das jetzt Wetter oder Klima?

Dass Paula manchmal ins Schwimmen gerät, wenn es um den Unterschied zwischen Klima und Wetter geht, ist wirklich kein Wunder. Das passiert auch den meisten Erwachsenen. Ihr könnt es ja mal an euren Eltern oder Lehrern testen. Am besten merkt ihr es euch so: Klima ist das, was wir erwarten, Wetter ist das, was wir dann wirklich bekommen.

Das Klima ist je nach Region unseres Planeten und zu unterschiedlichen Jahreszeiten sehr verschieden. Am 14. Januar (Paulas Geburtstag) erwartet ihr in Deutschland sicher keine Schwimmbad-Hitze, sondern Kälte, vielleicht auch Regen oder Schnee. Trotzdem kann es auch am 14. Januar in Deutschland so warm sein, dass ihr euch mit einem dünnen Pulli auf die Terrasse in die strahlende Sonne setzen könnt. Das ist dann Wetter.

Das Wetter könnt ihr immer selbst erkennen, ganz einfach indem ihr aus dem Fenster schaut. Dazu sind kein Computer und keine App nötig. Klima dagegen ist ein Durchschnittswert aus einer Zeitspanne von mindestens dreißig Jahren in einer bestimmten Region der Erde. Trotzdem kann es auch in der Arktis mal sehr warme Tage geben oder im Albanischen Sommer Kälte und Schmuddelwetter.

Manche Menschen sind der Meinung, es gebe keinen Klimawandel, nur weil es zwischenzeitlich mal kalt wird. Das stimmt natürlich nicht, denn das Klima ist ja nur ein Durchschnitt aus einem langen Zeitraum. Und auch wenn es ein paar kalte Sommertage gibt, ist es im Durchschnitt auf der ganzen Erde wärmer geworden.

Wir kennen hier in Grönland zwar noch keine Menschenseele, werden aber trotzdem abgeholt. Von einem meganetten Mann mit vielen Lachfalten und grauem Wuschelkopf. Robert Peroni heißt er, und er ist kein echter Grönländer, aber er lebt schon seit dreißig Jahren hier. Meine Mutter hat ihn über das Internet ausfindig gemacht und angerufen, um zu fragen, ob man mit vier Kindern im Winter nach Grönland reisen kann.

Erste Freundschaften mit Kindern und Hunden

»Natürlich!« Robert findet schon die Frage seltsam. »Es gibt doch gar kein besseres Reiseland für Kinder als Ostgrönland!«

Ich mag ihn sofort. Und nun sind wir tatsächlich hier und quetschen uns auf die Rückbank seines Landrovers. Der ganze Kofferraum quillt über von unserem Gepäck. Die Straße ist voller Schlaglöcher, und bei einem ganz besonders tiefen hebe ich so weit vom Sitz ab, dass ich die Decke berühre. Immerhin gibt's hier in der Hauptsiedlung Tasiilaq überhaupt ein paar Straßen. Im ganzen Rest von Ostgrönland gibt es die nämlich nicht, denn die Küste ist ein richtiges Gebirge. Von oben sieht sie aus wie der Rücken eines Dinosauriers. Wie soll man da Straßen bauen?

»Sieh mal, da steht schon der Helikopter nach Tiniteqilaaq. Das ist doch auch eure nächste Station.« Robert zeigt auf den roten Heli, in den dick eingemummelte Menschen einsteigen.

»Ja, aber wir reisen nicht mit dem Heli!«, erklärt mein Vater geheimnisvoll.

»Wir könnten doch so ein cooles Schneemobil nehmen!«, überlegt Mio, als gerade eins an uns vorbeisaust.

»Auch nicht. Wir haben was anderes mit euch vor!«, meint Mama.

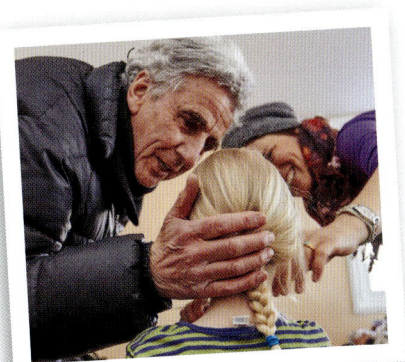

»Etwas, das hier in dieser Klimazone lange die einzige Fortbewegungsmöglichkeit im Winter war.«

Warum müssen Eltern eigentlich manchmal so geheimnistuerisch sein?

Robert Peroni wird unser Freund (den Hannah so mag, dass sie ihm sogar einen Heiratsantrag macht)

Warum die Welt nicht überall so aussieht wie bei uns

Hast du jemals davon gehört, dass Pinguine in der Wüste leben, Kakteen in der Arktis wachsen oder Eisbären in der Südsee baden? Vermutlich nicht. Das liegt daran, dass sich Tiere und Pflanzen an die Umgebung angepasst haben, in der sie leben. Auch wir Menschen entwickeln Lebensweisen, die an unsere jeweilige natürliche Umgebung angepasst sind – und damit an die Klimazonen unseres Planeten.

Klimazonen unterscheiden sich durch ihre Temperatur, den Niederschlag, der dort fällt, und die Stärke der Sonneneinstrahlung. Paula und ihre Familie sind gerade in der polaren Klimazone unterwegs. Zu den großen Klimazonen gehören außerdem noch die subpolare Klimazone mit Durchschnittstemperaturen unter null Grad, die tropische Klimazone, in der sowohl Regenwälder als auch Wüsten und Trockensavannen liegen, sowie die subtropische Klimazone, in der es im

Jahr durchschnittlich zwanzig Grad warm ist und das Thermometer so gut wie nie unter die Null-Grad-Marke fällt. Deutschland liegt in der gemäßigten Klimazone mit durchschnittlichen Temperaturen zwischen sieben und zwölf Grad. Hier schwanken die Temperaturen in den verschiedenen Jahreszeiten ganz stark: Im Sommer kann es wahnsinnig heiß werden, während die Wintertage uns vor Kälte zum Zähneklappern bringen.

PAAARTYYY!
Während ihr im Eis hockt, hat hier der Frühling begonnen. Und weil wir sturmfreie Bude haben, geht heute im Garten die Post ab. Widerspruch zwecklos. Ihr hättet ja nicht ohne uns verreisen müssen.

Wer nicht aufpasst, fliegt!

Die Hunde werden angeleint, Gepäck verstaut

Ein paar Tage später ist es so weit, und wir erfahren endlich, was hinter der Geheimniskrämerei unserer Eltern steckt: Wir verlassen Tasiilaq mit Hundeschlitten! Unser Ziel ist die Siedlung Tiniteqilaaq, die hier einfach Tinit genannt wird. Sie liegt am Rande des grönländischen Eisschildes. Es ist ein eiskalter, sonniger Morgen, als wir mit unserem Gepäck zum Fjord laufen. Dort warten schon drei Männer auf uns. Sie sind gerade dabei, ihre Hunde von den Ketten zu nehmen und vor die Schlitten zu spannen. Absolutes Chaos, wenn du mich fragst. Ob die wirklich wissen, wie das funktioniert? Die Hunde zerren wie wild an den Leinen, jaulen ohrenbetäubend und springen übereinander, bis alle Leinen verheddert sind. Aber die Männer haben schnell wieder alles im Griff.

Schiffe im Packeis eingefroren

»Die waren bestimmt lange an der Kette!«, überlegt Mio.

»Die Armen. Wieso eigentlich?«, frage ich.

»Das sind ja keine Couch-Hunde. Inuit brauchen die Gespanne, um mit ihnen auf die Jagd zu gehen«, erklärt Papa.

»Und warum machen sie das dann nicht öfter?«, will ich wissen.

»Weil sie nur auf die Fjorde fahren

Eingeschneite Schiffe

können, wenn das Meereis dick genug ist. Aber hier wird es auch immer wärmer. Und darum können sie nur noch wenige Wochen im Jahr mit den Hunden raus.«

»Na also. Dann kann ich ja doch einen Eisi mit nach Hause nehmen, wenn es hier sowieso wärmer wird.« Manchmal kann Hannah mit ihrem Eisbärenfimmel echt ein bisschen nerven.

»Aber wenn sich die Eisflächen so stark verändern, dann ist das doch auch richtig blöd für das ganze Klimasystem, oder?«, überlegt Mio. Und damit hat er schon wieder recht.

Prinz Pomp fährt vor!

Mit dem Auto zum Bäcker fahren – das ist doch ganz normal. Oder? Wenn ein Erwachsener mit einem durchschnittlichen Neuwagen Brötchen um die Ecke holt, ist das so, als würden 137 ausgewachsene Pferde vor eine Kutsche gespannt, um einen Menschen mit einem Beutel Brötchen zu befördern! Eine solche Verschwendung kam noch nicht mal den pompösesten, größenwahnsinnigsten Königen und Kaisern in den Sinn. In Deutschland ist sie heute ganz normaler Alltag.

Bitte nicht stören!

Das Klimasystem unseres Planeten besteht aus fünf großen Teilsystemen, die sich gegenseitig beeinflussen: 1. die **Kryosphäre**, zu der die großen Eiskörper wie der grönländische Eisschild und die Gletscher der Gebirge gehören; 2. die **Hydrosphäre**, also alles flüssige Wasser in Meeren, Flüssen und Seen; 3. **Pedosphäre** und **Lithosphäre**, die Böden und Gestein umfassen; 4. die **Biosphäre**, also der Bereich eines Planeten, auf dem Leben existiert; und 5. die gasförmige Hülle, die unseren Planeten umgibt. Sie wird **Atmosphäre** genannt.

Diese verschiedenen Bereiche tauschen immer wieder Energie untereinander aus. Das passiert zum Beispiel durch Wind und Regen oder durch Strömungen im Meer und in der Atmosphäre. Sie beeinflussen sich gegenseitig. Sobald irgendwo ein Ungleichgewicht entsteht, wird es durch die anderen Teilbereiche ausgeglichen. Ein bisschen wie beim menschlichen Körper. Zu dem gehören ja auch verschiedene Körper-teile und Organe, die unterschiedliche Aufgaben erfüllen. Wird eines davon krank oder verletzt, hat das Auswirkungen auf den ganzen Körper. Alle anderen Körperteile versuchen dann, das ganze System zu unterstützen. Schließlich will ja der gesamte Körper überleben und weiter alle nötigen Funktionen ausführen können.

Das Klima kann sich aber ändern, indem sich ein Bestandteil im Klimasystem sehr stark verändert. Zum Beispiel wenn große Eiskörper abschmelzen, riesige Wälder abgeholzt werden, Meere sich erwärmen oder große Seen austrocknen. Oft hängen Veränderungen an einem Ort mit einem anderen Ort auf der Erde zusammen, der ganz weit entfernt liegt. Forscher haben herausgefunden, dass eine Erwärmung im Ostpazifik sich auf den indischen Monsunregen auswirken kann. Und die Abholzung des tropischen Regenwaldes beeinflusst das Klima in Europa.

Anthropo-was?

Es gibt natürliche Prozesse, die über Tausende von Jahren ganz langsam zu einer Erderwärmung führen. Wenn sich die Rotationsachse der Erde ändert, kann beispielsweise die Stärke der Sonneneinstrahlung zunehmen. Haben wir Menschen also gar nichts mit dem momentanen Klimawandel zu tun? Doch, das haben wir! Die Erwärmung, die wir heute beobachten, läuft nämlich viel schneller ab als alle bekannten natürlichen Veränderungen. Tausende von Wissenschaftlern weltweit sind sich nach vielen Jahrzehnten Forschungsarbeit einig: Wir Menschen verursachen einen Teil der Erderwärmung, indem wir auf die Teilbereiche unseres Klimasystems Einfluss nehmen. Zum Beispiel auf die Atmosphäre. Sie besteht aus Treibhausgasen wie Wasserdampf, Kohlendioxid (CO_2) oder Methan. In genau der richtigen Mischung lassen diese Gase Sonnenenergie auf unsere Erde gelangen und ermöglichen es einem Teil dieser Energie, wieder zu entweichen. Wie in einem Treibhaus im Gemüsegarten.

Die Heizung der Erde

Ohne den natürlichen Treibhauseffekt wäre es auf der Erde viel kälter. Statt durchschnittlich 15 Grad würde eine eisige Durchschnittstemperatur von −18 Grad vorherrschen.

Doch seit Beginn der industriellen Revolution ändert sich die Zusammensetzung der natürlichen Treibhausgase in der Atmosphäre. Seitdem lassen *ánthropos* (was altgriechisch ist und »Mensch« bedeutet) nämlich Arbeiten von Maschinen verrichten, bewegen sich in Autos fort, bestellen sich Turnschuhe aus Amerika oder kaufen T-Shirts aus China und jetten in Flugzeugen um die Welt. Dafür werden als Energielieferanten Öl, Gas und Kohle verwendet, also fossile Brennstoffe. Sie entstanden dadurch, dass vor Jahrmillionen Tiere und Pflanzen starben, verrotteten und unter der Erde lagerten, bis wir Menschen sie als Energiequelle entdeckten. Beim Verbrennen dieser fossilen Energieträger entstehen in großen Mengen Treibhausgase wie CO_2. Und die verändern unsere Atmosphäre so, dass immer mehr Sonnenenergie auf der Erde verbleibt. Wie in einem Gewächshaus, das immer dickere Scheiben bekommt. Deshalb nennen wir den von Menschen verursachten Klimawandel auch *anthropogenen* Klimawandel.

Blinder Passagier

Die Prinzessinnen auf der Erbse

Was glaubst du, welche Hunde immer ganz vorne laufen?«, fragt mich einer der Männer, Tobias Ignatiussen.

Mein erster Gedanke: »Die schnellsten.« Aber das wäre zu einfach.

»Die, die am besten gehorchen?«, vermute ich.

»Die schlausten! Sie müssen alle anderen Hunde leiten können.«

Aha, vorne sind also die schlauen. Und hinten, direkt vor meiner Nase?

»Paula, pack mal mit an!«, ruft mein Vater. Er hat die Räder unter unserem Kinderwagen abgeschraubt und will die Kabine mit Spanngurten auf dem Schlitten befestigen. Bei der Geschwindigkeit und in der Kälte könnte es sonst für meine beiden kleinen Schwestern ziemlich gefährlich werden. Jetzt haben wir ihnen ein Erste-Klasse-Luxusabteil gebaut, samt Anschnallgurten und Daunenschlafsäcken. Ich würde mich am liebsten zu ihnen kuscheln.

»Aufspringen!«, rufen die Männer plötzlich.

Noch nie habe ich so etwas Schönes erlebt: Fahrt über den zugefrorenen Fjord

Eisenkralle im Schnee

Mittagspause in der
eisigen Wildnis

Papa setzt sich vor Hannah und Frieda auf den Schlitten, Mama und Mio teilen sich den zweiten, und ich schwinge mich auf den dritten, auf dem ein blauer Plastiksack verstaut ist. Keine Ahnung, was da drin ist. Die Männer springen von den Eisenkrallen am Ende des Schlittens. Das sind die Bremsen. Dann rennen sie nach vorne und gehen auf ihre Plätze. Los geht's, und zwar in gefühlter Überschallgeschwindigkeit. Die Hunde fliegen über das zugefrorene Meer. Tasiilaqs Häuser verschwinden hinter uns. Wir rasen zwischen Felsen und Bergen hindurch. Manchmal entdecken wir einen zugefrorenen See, dann eine eingeschneite Schlucht. Bergab werden die Hunde so schnell, dass die Männer in voller Fahrt vom Schlitten abspringen und auf die Eisenkralle steigen. Sonst würde der Schlitten die hintersten Hunde überfahren. Schneestaub wirbelt mir um die Ohren. Hannah und Frieda schreien vor Begeisterung. In den Kurven klammere ich mich an den Schlitten, um nicht abgeworfen zu werden. Zu Hause wird mir schon auf dem Kettenkarussell schlecht. Aber ich hatte noch nie so viel Spaß wie jetzt! Manchmal gleiten wir über Unebenheiten, heben vom Schlitten ab und landen wieder auf dem Po. Je höher wir fliegen und je fester wir auf den Schlitten landen, umso lauter jubeln wir. Dummerweise platzt dabei der Plastiksack vor mir auf. Ach, du Schreck! Jetzt weiß ich zumindest, mit welchem blinden Passagier ich mir den ganzen Tag den Schlitten teile: mit einer erlegten Robbe!

Mein blinder Passagier

In Deckung!

Die letzte Bergkuppe ist erreicht: Zum ersten Mal sehe ich das Inlandeis und Tiniteqilaaq

Die Männer rufen ihren Hunden Kommandos zu und lenken so ihre Gespanne. Dabei lassen sie eine lange Peitsche aus Robbenleder durch die Luft kreisen. Bis jetzt hatte ich keine Ahnung, wie Schlittenhunde unterwegs auf Klo gehen. Sie können ja nicht einfach das Rudel bitten, mal kurz stehen zu bleiben. Bei zwölf Hunden vor dem Schlitten würde das ewig dauern. Wer muss, hebt beim Rennen das Bein.

»Duck dich, Paula!«, ruft Mio plötzlich.

Gerade noch rechtzeitig. Wenn wir uns nicht schnell vor den »Stinkbomben« in Sicherheit bringen, bekommen wir eben eine Ladung ab. So wie Kirti, mein Hundeführer. Als eine Ladung Kacke an mir vorbeisaust und ihn kalt erwischt, hört er gar

LINKS:
Papa nach seiner Schnee-dusche
RECHTS: Aufstieg auf das Gletscher-feld

nicht mehr auf zu fluchen. Papa ist so beschäftigt damit, dem Beschuss seiner Hunde zu entgehen und dabei zu filmen, dass er blöderweise vergisst, sich festzuhalten. In einer Kurve höre ich seinen Hundeführer Tobias hinter mir rufen und wild gestikulieren. Von Papa fehlt jede Spur! Nach ein paar Minuten kommt er angelaufen. »Ups, da hatte ich mal kurz die Kontrolle verloren!« Typisch Papa! Tobias lacht sich schlapp.

Bevor wir endlich Tinit erreichen, müssen wir eine letzte Hürde nehmen: Ein riesiges Gletscherfeld liegt vor uns. Es ist so steil, dass die Hunde uns nicht mit Schlitten und Gepäck dort hochziehen können. Wir helfen den Hunden, indem wir den Schlitten schieben. Das ist ganz schön anstrengend, denn wir tragen alle drei Lagen Winterkleidung und sind im tiefen Schnee so unbeweglich wie Astronauten in Vollmontur. Ich bin total nass geschwitzt, als wir die letzte Bergkuppe vor Tinit erreichen.

»Aufspringen!«, rufen die Männer uns wieder zu. Die Hunde wissen genau, dass wir gleich am Ziel sind, und werden zu richtigen Rasern! Sie sprinten so plötzlich los, dass meine Mutter es nur in letzter Sekunde auf den Schlitten schafft. Wenige Minuten später kommen wir mit zitternden Knien auf dem zugefrorenen Sermilik-Fjord zum Stehen.

Polar-Orangen

Nicht nur die ungewohnte Kälte wurde bei Arktis-Expeditionen zum tödlichen Verhängnis. Es war vor allem der Vitaminmangel. Woher sollten die Abenteurer dort auch vitaminreiches Obst und Gemüse bekommen? Hier wachsen doch keine Orangen, Kiwis oder Brokkoli. Hätten sie mal grönländische Inuit gefragt! Die kennen die beste Vitamin-C-Quelle der Arktis: *Mattaq*, die Haut von Narwalen mit der darunterliegenden Fettschicht! Die Konzentration von Vitamin C in Mattaq ist sogar höher als in einer Orange.

Zum Duschen
ins Dorf

Das ist euer Haus!« Tobias übergibt uns den Schlüssel.

»Cool, das ist ja rosa!« Hannah freut sich.

»Pff, Mädchenkram!«, mault Mio.

Ich finde, es sieht megagemütlich aus. Vor allem weil es so klein ist. Fast wie ein Gartenhäuschen.

Papa schließt die Tür auf.

»Wie riecht's denn hier?« Mio verzieht das Gesicht.

Stimmt, der Geruch ist echt eigenartig. Woher er kommt, finde ich schnell heraus. Im Eingang steht eine schwarze Plastikwanne. Darin liegen einige frische Robbenfelle. Frieda beugt sich über die Wanne und plumpst fast kopfüber hinein. Mama hält sie gerade noch fest.

»Ich muss mal!«, ruft Hannah. »Wo ist das Klo?«

Mama und Papa sehen sich an. Den Blick kenne ich. Da ist was im Busch.

»Ich pinkel gleich in die Hose!«, quengelt Hannah.

»Hier ist das Klo!« Mio hat es entdeckt.

Unser Hüttchen
mit vorbeiziehenden
Eisbergen

»Klo? Sehr witzig. Das ist ein zerbeulter Blecheimer hinter einem Vorhang!«

»Aber mit gepolsterter Klobrille drauf!« Ausgerechnet mein kleiner, feiner Bruder ist begeistert, dass wir in den nächsten Wochen in einen Eimer pinkeln werden. Sonst findet er immer alles ekelig! Stell dir mal vor, man hockt sich auf so einen Eimer und der fällt um! Das wäre typisch, wenn so was ausgerechnet mir passiert. Und Mio würde mich bestimmt bei jeder Gelegenheit damit aufziehen.

Weil kein Haus in Tinit fließendes Wasser hat, müssen wir es in der Dorfmitte holen. Da steht ein riesiger Tank, der beheizt wird. Deshalb gefriert das Wasser darin nicht mal bei tiefen Minusgraden.

»Die Kanister im Haus sind alle leer. Wer kommt mit zum Auffüllen?«, ruft Papa uns zu.

Was für eine Frage! Wir alle natürlich! Jeder von uns bekommt ein Seil mit Kanister dran. Den können wir hinter uns her durch den Schnee ziehen.

»Dann schauen wir gleich mal, wo hier die Duschen sind«, schlägt Mama vor.

»Ich bleib schmutzig!«, bestimmt Hannah.

Super Idee! Duschen in der Arktis, das ist ja wohl reine Zeitverschwendung. Wenn man drei Pullis übereinanderträgt, merkt doch sowieso keiner, wie lange man schon nicht mehr geduscht hat. Praktisch, oder?

»Müllabfuhr« auf Grönländisch

Ohne Worte!

Erste Begegnungen

Ich höre sie schon von Weitem. Auch wenn ich kein Wort verstehe, ist klar: Die haben echt Spaß! Eine Gruppe Inuit-Kinder zieht durch die tiefen Schneisen, die ein Bagger in den Schnee gegraben hat. Sehen kann ich nicht, wer kommt. Noch nicht. Ich stecke nämlich kopfüber im Schnee. Seit zwei Stunden bauen Mio, Hannah, Frieda und ich eine Schneehöhle. Nur meine Beine und Füße schauen raus. Ausgerechnet! Ich habe so riesige Füße, dass ich mit meinem Vater Schuhe tauschen kann. Wie peinlich ist das denn? Die halten mich bestimmt für ein seltenes Exemplar eines Großfuß-Tölpels. Stück für Stück rutsche ich auf dem Bauch rückwärts aus der Höhle. Wir sind umzingelt! Zehn Kinder stehen um uns herum und unterhalten sich auf Ostgrönländisch. Eins weiß ich ziemlich schnell: Schüchtern sind die nicht! Mit Händen und Füßen fragen sie, ob sie mitmachen dürfen. Na logisch! Mio holt aus unserem Hüttchen Plastiktassen und eine Schöpfkelle und einen Eimer (der verdächtig nach unserem Kloeimer aussieht). Alle buddeln mit. So lange, bis wir uns zusammen in die Höhle quetschen können. Der Reihe nach sagen wir unsere Namen. Ausgerechnet jetzt platzt Mama dazwischen, um uns zum Mittagessen zu rufen.

»Wir nehmen unsere neuen Freunde einfach mit!«, bestimme ich.

»Passen so viele in unsere Hütte?«, fragt Mio.

»Wir können ja auf dem Boden essen«, schlägt Hannah vor.

Orpa, Angiuk, Thomasine, Ulrika und Rasmus trauen sich mit rein. Die anderen Kinder verschwinden im Dorf.

»Ups, da reicht unser Essen wohl nicht!« Mama ist zum Glück nicht sauer, dass wir einfach so viele Gäste mitbringen. Papa kocht noch mehr Nudeln. Aber die Tomatensoße mit Mais und Erbsen schieben unsere Freunde angewidert zur Seite. Da hat Mama mit ihrer »Einmal probieren muss sein«-Nerverei keine Chance. Schon alleine deshalb nicht, weil niemand sie versteht. Glück für unsere neuen Freunde. Sie futtern pure Nudeln, bis nichts mehr reinpasst. Das ist die Idee! Wenn es nächstes Mal zu Hause Rosenkohl oder Grünkernsuppe gibt, tun wir einfach alle so, als würden wir Mama nicht verstehen.

Grimassen am Fenster

Kinder-Party in unserer Hütte

Gurken-Trudi auf Robbenjagd

Am nächsten Morgen zieht Mio das Rollo hoch und schreit vor Schreck los. Zwischen den Lamellen drücken sich gruselige Fratzen gegen die gefrorenen Scheiben. Orpa, Angiuk, Thomasine und Ulrika haben Osterferien und warten schon auf uns. Mit ihren verrückten Grimassen schaffen sie es, uns so zum Lachen zu bringen, dass Hannah vom Bett fällt. Mio, Hannah und Frieda ziehen sich in Rekordgeschwindigkeit an und düsen mit ihnen davon.

»Hey, stehen bleiben! Ich will nicht alleine alle Isomatten und Schlafsäcke wegräumen«, rufe ich ihnen hinterher.

Na super! Die drei haben den neuen Trick schnell gelernt, sie tun einfach so, als könnten sie mich nicht hören, und verschwinden im Schnee. Na wartet! Mir kommt eine Idee. Ich schraube die Ventile an den Isomatten meiner Geschwister auf.

»Bist du so weit?«, ruft Papa.

»Sofort!« Bevor ich Schneehose und Daunen-

Unsere neuen Freunde

jacke anziehe, schiebe ich die Isomatten unter das einzige Bett in der Hütte. Das wird heute Abend ein Spaß! Wenn sich Hannah, Mio und Frieda auf ihre Matten fallen lassen, wird die Luft mit einem langen, lauten Furz entweichen! Rache ist Blutwurst! Ich freue mich schon auf ihre Gesichter.

Papa und ich gehen mit Tobias Ignatiussen auf die Jagd. Tobias hofft, eine Robbe zu fangen. Aber weil auf dem Meer nur brüchiges Eis ist, können wir nicht mit den Hundeschlitten fahren. Tobias hat zum Glück ein Motorboot.

»Alles klar, Pauli?« Wenn Papa ganz besorgt ist, nennt er mich so. »Bist du sicher, dass du mitkommst?«

Kinderspaß
mit Schlitten

Ich habe lange überlegt, ob ich es ertrage, wenn Tobias wirklich eine Robbe erwischt. Wird mir dann schlecht? Oder muss ich vielleicht sogar heulen? Ausgerechnet ich als Vegetarierin gehe mit auf die Jagd!

»Ja! Ich bin dabei!« Hier essen die Menschen eben Robbe und Wal und Eisbär. Zu Hause mag ich vor allem deshalb kein Fleisch, weil ich es schrecklich finde, wie Tiere in Massentierhaltung gequält werden. Aber hier laufen die Tiere immerhin frei herum.

Neben Tobias liegt schon ein Gewehr bereit. Das Boot lenkt er zwischen Eisbergen und Eisschollen hindurch. Manchmal kleben Eisschollen aneinander. Tobias fährt einfach mit Karacho dagegen, bis es unter uns kracht, als würden zwei Autos ineinanderrauschen. Beim ersten Mal schlottern mir die Knie vor Schreck. Aber dann finde ich es sogar ziemlich lustig.

Obwohl Tobias mit uns spricht, lässt er den Blick nie vom Wasser und vom Eis ab. Bis das Boot plötzlich ganz langsam wird. Da sehe ich sie auch: Eine Robbe schaut aus dem Wasser. Tobias schnappt sich das Gewehr, legt an, zielt und drückt ab. *Peng!*

Tobias wartet
mit dem Boot

Das war's. Ein Schuss, und die Robbe treibt tot auf dem Wasser. Tobias fischt sie mit einem langen Stock mit Haken dran heraus. Jetzt ist mir übel! Aber nur ganz kurz. Denn Tobias fährt mit uns weiter zwischen haushohen Eisbergen hindurch. Manchmal hören wir ein gigantisches Krachen, gefolgt von einer Wellenbewegung auf dem Fjord. Dann ist wieder ein Stück vom Gletscher abgebrochen und ins Meer gefallen.

Selbst beim Ausnehmen der Robben bin ich dabei. Tobias übergibt die toten Tiere seiner Frau und deren Tante. Alle Kinder kommen angeflitzt, auch Hannah, Mio und Frieda. Die Hunde zerren wie bescheuert an ihren Ketten vor lauter Hunger.

Als ob Haut und Speck nur weiche Butter wären, schneidet das Messer durch die obersten Schichten. Gedärme, Leber, Blase – alles landet in einer Wanne. Immer wieder schmeißen die Frauen den Hunden einen blutigen Fetzen zu. Ein Hund ist schon so abgemagert, dass er gar nicht mehr aufstehen kann.

»Kann ich mit den Augen spielen?«, fragt Hannah. Sie meint ernsthaft die Robbenaugen.

»Ich will auch ein Auge!« Frieda ist begeistert von der Idee.

Meine Geschwister ekeln sich kein bisschen. Ich eigentlich auch nicht, obwohl mir die Robbe leidtut. Essen will ich sie auf keinen Fall, aber ich bin froh, dass die Hunde und unsere Freunde heute was in den Magen bekommen.

VON OBEN NACH UNTEN:
Tobias hat ein Motorboot, aber das kann sich nicht jede Familie leisten · Die Robben werden eingeholt · Die Frauen zerteilen die erlegten Robben · Einen Teil bekommen die Hunde

Der Teufel in der Arktis

Hast du schon mal im Sommer in einem schwarzen Auto gesessen? Ohne Klimaanlage und bei geschlossenen Fenstern? Kaum erträglich, oder? Die Temperatur im Inneren steigt dann sehr schnell an. Schwarze Oberfläche nimmt also einen großen Teil der Sonnenwärme auf, während weiße Oberfläche sie wenigstens teilweise reflektiert, also zurückstrahlt. Dieses physikalische Prinzip ist für die Arktis von großer Bedeutung. Sie ist von den Auswirkungen des Klimawandels überdurchschnittlich stark betroffen. Die Temperaturen steigen hier schneller als im Rest der Welt, sowohl in der Luft als auch im Ozean. Dadurch verliert nicht nur der grönländische Eisschild an Masse. Auch die Meereisbedeckung geht zurück. Ihre Ausdehnung und Dicke schwankt zwar ganz natürlich je nach Jahreszeit und Jahr, im Durchschnitt nimmt sie aber deutlich ab. Und das auch in den Wintermonaten, in denen Tobias und die anderen Jäger noch vor dreißig Jahren viele Monate hintereinander mit ihren Hunden über das Meereis zum Jagen ausziehen konnten. Das ist heute meistens nur noch wenige Wochen lang möglich. Wenn Meereis abschmilzt, setzt ein richtiger Teufelskreis ein. Denn dort, wo weiße Eisfläche den Ozean bedeckt hatte, kommt dunkle Meeresoberfläche zum Vorschein. Diese dunkle Oberfläche nimmt wie das schwarze Auto Wärme in Form von Sonnenenergie verstärkt auf. Dadurch schmilzt noch mehr Eis ab, und immer mehr dunkle Oberfläche wird sichtbar, die wiederum Sonnenenergie aufnimmt.

Nikohase

Woraus soll ich denn hier ein Osternest bauen?« Hannah ist pampig. Ich glaube, sie ahnt, dass der Osterhase es vielleicht nicht bis in die Arktis schafft.

»Nimm doch Schnee. Vielleicht bringt der Osterhase dann Eier-Eis!«, witzelt Papa. Aber das macht Hannah noch wütender.

»Der kommt nicht. Der hat viel zu viel Angst vor Eisbären!«, behauptet Mio.

So richtig feierlich wird unser Osterfest morgen wohl nicht, fürchte ich. Oder vielleicht doch …? Ich beschließe, einen Kuchen zu backen. Im *Pili*, dem kleinen Supermarkt im Ort, entdecke ich eine Backmischung für Schokokuchen. Sogar mit deutscher Backanleitung. Dazu kaufe ich zwei Dosen Pfirsiche. Frisches Obst gibt es hier nur selten. Und an der Kasse erwartet mich eine richtige Osterüberraschung. Besser gesagt, eine rot-goldene Weihnachtsüberraschung. Neben den Schokohasen, die es hierhergeschafft haben, stapeln sich Nikoläuse!

Mama ist längst nicht so erstaunt wie ich, als ich ihr später davon erzähle. »Wenn von September bis Mai kein Versorgungsschiff kommt, müssen eben Osterhasen und Nikoläuse im Sommer zusammen anreisen.«

Was der Mann an der Kasse von meinem Einkauf hält, weiß ich nicht. Er verzieht jedenfalls keine Miene, als ich einen Osterhasen UND einen Nikolaus kaufe. Ein

Im Pili

Hello Kitty, Chips und Knarren

Selbst in kleinen ostgrönländischen Siedlungen gibt es einen Supermarkt, den *Pilersuisoq*, den wir einfach nur »Pili« nennen, weil wir seinen echten Namen kaum aussprechen können, ohne einen Knoten in die Zunge zu bekommen. Im Pili werden Grundnahrungsmittel verkauft. Und neben Gewehren und Angelzubehör auch »Hello Kitty«-Spielzeug, Süßigkeiten, Cola und Chips. Was weg ist, ist weg. Nur einmal im Jahr werden die Regale aufgefüllt, wenn die Versorgungsschiffe wieder passieren können. Für viele Familien sind die Nahrungsmittel hier sowieso unerschwinglich, weil sie nur sehr wenig Geld im Monat zur Verfügung haben.

grönländischer *Nikohase* für Hannah. Wenn sie den morgen im Nest findet, kann sie keine saure Gurke mehr sein. Garantiert!

Und auch Mama hat sich etwas einfallen lassen, damit unser Osterfest doch noch feierlich wird.

»So, ihr Schneehasen, jetzt lasst mal nicht die Köpfe hängen!«, sagt sie. »Wir veranstalten ein gemütliches Osterfrühstück und gehen zum Gottesdienst. Dann machen wir einen tollen Ausflug. Vielleicht wollen ja eure Freunde mitkommen?«

»Au ja, wir gehen zu den Eisbergen!«, jubelt Frieda.

»Nee, lieber zu den Eisbären!«, sagt Hannah.

»Wer weiß, vielleicht finden wir ja Eisberge UND Eisbären!« Mama weiß genau, wie sie uns alle rumkriegt.

Wir haben zwar immer ein Gewehr dabei, für den Notfall, aber eigentlich habe ich keine Angst vor Eisbären. Im Gegenteil. Vielleicht erleben wir an Ostern ein richtiges Grönland-Abenteuer!

Oster-
hasen
und
Nikoläuse
im Pili

Osterrätsel

Scholln wir unsch schick anschiehn?«, frage ich Mama mit grönländisch-deutschem Oster-Schokokuchen im Mund. »Für die Kirsche?« Ich meine natürlich die Kirche.

Bestimmt kommen viele Grönländer heute in Festtagskleidung mit bunt bestickten Anoraks und Kamiks. Das sind Stiefel aus Robbenleder.

»Ich finde nix Schönes, nur Schneehosen!« Hannah wühlt sich durch die Taschen.

»Ja, klar. Was anderes haben wir gar nicht dabei!« Mama zieht über ihre Wollunterwäsche die Schneehose und eine Daunenjacke, in der sie aussieht, als wäre sie mit Luft aufgepumpt.

Es ist eigenartig still in der Siedlung. Vielleicht hat der Gottesdienst schon angefangen? Und wir kommen mal wieder zu spät!

»Ich gehe vor!«, beschließe ich. Durch die menschenhohe Schneeschneise rutsche ich Richtung Schule, in der auch die Kirche untergebracht ist. Nichts. Keine Spur von irgendwem. Ich warte auf der eingeschneiten Treppe auf meine Familie.

»Die Tür ist ja abgeschlossen.« Mama runzelt die Stirn.

Ich drücke mein Gesicht an die Scheibe. Der Raum ist menschenleer.

»Vielleicht ist heute gar nicht Ostern?«

»Quatsch, so chaotisch sind wir ja wohl auch wieder nicht!«

An der Tür hängt ein Zettel mit einer gekritzelten Nachricht. Auf Ostgrönländisch. Zehn Minuten warten wir in der Kälte. Niemand kommt vorbei.

»Ich hab's! Wir fotografieren jetzt die Nachricht und laufen zum Lehrer. Der soll uns sagen, was draufsteht!«, beschließt Papa.

»Vielleicht ist das ja ein Rätsel!«, sagt Hannah.

»Vom Osterhasen!«, fügt Frieda hinzu.

> Hallooo, leuteee!
> Es ist Ostern, und im Hühnerhaus stapeln sich unsere guten Eier. Habt ihr den Osterhasen etwa mitgenommen? Uns reicht's jedenfalls. Wir machen Urlaub am Ende der Straße. Bei Eckis Hahn.

Schule mal zwei

Schule und Kirche
in einem Gebäude

Natürlich besuchen grönländische Kinder die Schule. Mindestens genauso wichtig ist es für sie aber zu lernen, wie sie Robben fangen und zerlegen, wie sie am Eisloch erfolgreich fischen, woran sie erkennen, dass Narwale in der Nähe sind, und wie man auf der Hut vor Eisbären ist. Wie bedient man ein Gewehr? Wie navigiert man ein Boot durch Packeis? Wie trainiert man ein Hundegespann, und wie stellt man es zusammen?

Zum Glück ist die Siedlung klein. Hier wohnen weniger als hundert Menschen. Das Haus des französischen Lehrers ist nicht weit entfernt.

»Joyeuses Pâques!« Ich wusste gar nicht, dass Mama Französisch spricht. Papa und Mama erzählen von der verschlossenen Tür und dem Zettel, und Papa zückt seine Kamera. Der Lehrer lacht. Auch ohne die Notiz zu sehen, weiß er, was draufsteht.

»Der Pfarrer ist krank. Und die Ersatzpfarrerin, die heute den Gottesdienst halten sollte, hat beschlossen, auf die Jagd zu gehen. Wie alle hier. Das Wetter ist perfekt!«

»Also kein Osterrätsel und kein Osterfest??« Hannah ist enttäuscht.

»Der Gottesdienst wird am Nachmittag nachgeholt!«, beruhigt uns der Lehrer.

»Dann machen wir das jetzt auch!«, beschließt Mio.

»Was? Jagen?« Papa will es nicht zugeben, aber in Tobias' Boot ist ihm auch ein bisschen schlecht geworden.

»Nee, ich will am Eisloch angeln.«

»Andere Länder, andere Sitten. Dann feiern wir Ostern heute auf grönländische Art«, sagt Mama.

Ja, das machen wir!

Mio lernt auf dem Fjord von Inuit-Familien, wie man am Eisloch fischt (zumindest theoretisch, einen Fisch fängt er diesmal nicht). Und ich freunde mich mit einer schwarzen Hündin an. Danach warten wir am Fjord auf die Jäger und ihre Familien und holen sogar noch den Ostergottesdienst nach. Dabei schwitzen wir in unserer Schnee-montur, als würden wir in einer Sauna Ostern feiern. Am Abend tanzen über uns die Polar-lichter am Himmel – richtig geheimnisvoll!

Mal sehen, wo wir nächstes Jahr Ostern fei-ern. Schöner als hier kann es eigentlich nicht mehr werden. Ich will mir gar nicht vorstellen, dass wir bald weiterreisen. Von mir aus könn-ten wir auch nach Grönland ziehen. Ostgrön-ländisch und Dänisch könnten mir auf jeden Fall meine neuen Freunde beibringen. Heim-lich schwöre ich mir, dass ich irgendwann zu-rück nach Tiniteqilaaq kommen werde.

Die schwarze Hündin, mit der ich mich anfreunde

Hannah weint Abschiedstränen am letzten Tag

Mio beim Eislochangeln

Polarlichter

ZU FUß ÜBER DIE ALPEN –
Wie meine Eltern zu Eseln werden

Ich hab's geschafft! Ich bin wirklich mit meiner Familie zu Fuß über die Alpen gelaufen. Das ist immerhin das höchste Gebirge in Zentraleuropa. In den Alpen merke ich, dass viele Menschen den Klimawandel direkt vor der Nase haben, ihn aber nicht erkennen. Ich begegne den sterbenden »weißen Riesen« der Alpen, sehe, wozu die Flüsse viele Kilometer von ihren Quellen entfernt gebraucht werden, und lande in einem Dorf, in dem in Zukunft nur noch Äpfel ohne Gift wachsen sollen.

Riesen auf Schrumpf-Diät

Die weißen Riesen der Alpen, die Gletscher, wachsen und schrumpfen über das Jahr hinweg. Das ist ein ganz normaler Prozess. Wenn es im Winter ausreichend schneit und der Schnee zu Eis wird, dann nimmt der Gletscher an Masse zu. Er wächst. Das ist im oberen Gletscherteil möglich, weil es weiter oben auf dem Berg kühler ist als unten. Im unteren Gletscherteil schmilzt der Gletscher, vor allem im Frühjahr und im Sommer. Das dabei entstehende Wasser fließt talwärts in die großen Flüsse. Normalerweise nimmt der Gletscher im Winter durch Neuschnee genug zu, um das Schmelzen im unteren Bereich wieder auszugleichen. Wenn aber wenig Schnee nachfällt und im Sommer durch steigende Temperaturen mehr Gletschereis schmilzt, als im Winter nachgewachsen ist, dann wird der Gletscher kleiner und dünner. Weil man an Gletschern sehr gut erkennen kann, wie stark die Erderwärmung vorangeschritten ist, werden sie auch das »Fieberthermometer der Alpen« genannt.

Mio steht genau an der Stelle, an die der Morteratschgletscher 2010 noch reichte. In dem Jahr wurde Frieda geboren.

»Haha, guter Witz!« Mio glaubt Papa kein Wort. Unser Vater kann nämlich ein echter Scherzkeks sein.

»Und zwischen Deutschland und Italien liegen die Alpen«, sagt Papa noch. »Das höchste Gebirge in Mitteleuropa.«

Mama sieht so aus, als ob sie lieber auf Pizza verzichten will.

»Wir *laufen* also über die Alpen bis nach Italien?«, frage ich sicherheitshalber nach. »Nur um eine *Pizza* zu essen? Wie cool! Können wir nicht heute losgehen?«

»Wir überqueren die Alpen nicht *nur* wegen der Pizza!«, sagt Mama. »Auch weil dort das größte Fieberthermometer Europas ist.«

»Fieber ist blöd!«, ruft Frieda.

»Wer hat denn in den Alpen Fieber?«, fragt Hannah. »Wir können ja Fiebersaft mitbringen!«

»Ja, logo, Fiebersaft für die Gletscher.« Mio zeigt Hannah einen Vogel und springt schnell zur Seite, bevor sie sich rächen kann.

Die magische Zahl Zwei

Weil Wissenschaftler in der ganzen Welt seit Ende des 18. Jahrhunderts das Wetter beobachten und die Ergebnisse aufzeichnen, können sie heute ganz sicher sagen: Die Durchschnittstemperatur auf der Erde ist gestiegen. Aber nicht nur das. Mithilfe sehr komplizierter Berechnungen können sie sogar vorhersagen, wie sich das Klima in der Zukunft entwickeln wird. Hundertprozentig sicher sind die Vorhersagen nicht, weil so viele verschiedene Faktoren im Klimasystem eine Rolle spielen. Aber viele Vorhersagen für unsere Gegenwart sind schon eingetroffen: Die weltweite Durchschnittstemperatur ist gestiegen, Extremwetter wie Starkregen oder lange Dürrezeiten kommen öfter vor, die Ozeane erwärmen sich und versauern durch zu viel Kohlendioxid, die Eispanzer der Erde schmelzen, der Meeresspiegel steigt.

All das hat Folgen für Lebewesen auf dem Planeten Erde. Auch für uns Menschen. Schließlich brauchen wir eine intakte Natur als Lebensgrundlage. Woher soll sonst unsere Nahrung kommen? Woher bekommen wir sonst Arzneipflanzen, Brennstoffe, saubere Luft und sauberes Wasser? Wie soll die natürliche Klimaregulierung funktionieren? Um die schlimmsten Folgen der Erderwärmung zu verhindern, sagen Wissenschaftler deshalb: Unsere durchschnittliche Erdtemperatur darf um maximal zwei Grad steigen. Noch besser: um höchstens 1,5 Grad. Dieses Ziel haben auch die meisten Staatschefs aus der ganzen Welt akzeptiert. Sie haben sich auf dem Klimagipfel in Paris 2015 darauf geeinigt: Wir Menschen müssen den Ausstoß von Treibhausgasen reduzieren, damit es nicht noch wärmer wird, Unwetter zunehmen und unsere Lebensgrundlagen verloren gehen. Die Frage ist bloß: WIE?

Saurer Ozean?

Weil Ozeane und Luft immer Gas untereinander austauschen, steigt der Gehalt von Kohlendioxid in den Ozeanen. Dies löst eine chemische Reaktion aus, in deren Folge der pH-Wert sinkt. Das heißt, das Wasser der Ozeane wird saurer. Und Säure greift vor allem die Lebewesen an, die eine Schutzhülle um sich haben: die kleinen Bewohner der Ozeane, die gleichzeitig auch das Futter für die großen Meerestiere sind. Wenn schon am Beginn der Nahrungskette Schäden entstehen, ziehen sich die Folgen bis zum Ende der Kette durch.

ungerecht verteilt

Die Auswirkungen des Klimawandels sind nicht immer und nicht überall gleichermaßen spürbar. Wenn es im Durchschnitt zwei Grad wärmer wird, dann wird es in der Arktis womöglich fünf bis sechs Grad wärmer, während wir in Deutschland mit viel weniger Temperaturanstieg rechnen können. In manchen Erdteilen kommt es häufiger zu Dürren mit Missernten, zu Extremwetterereignissen wie Starkregen mit Überschwemmungen oder zu heftigen Stürmen, bei denen Menschen ihr Zuhause verlieren. Leider sind diese Menschen nicht unbedingt auch diejenigen, die für den übermäßigen Ausstoß von Treibhausgasen verantwortlich sind. Sie zahlen die Rechnung für das, was andere Menschen zu anderen Zeiten an ganz anderen Orten der Erde vermasselt haben. Ganz schön ungerecht, oder?

Esel auf Tour

Kann Eisi mit? Sonst bleibe ich hier.« Hannah ohne ihren Eisbären, das geht gar nicht.

»Ja, den kriegen wir schon irgendwie unter«, sagt Mama. »Aber ansonsten kommt nur das Allernötigste mit. Wir müssen schließlich alles selbst schleppen.«

»Ich ziehe einen Wagen!«, beschließe ich. Papa hat eine Zugdeichsel an unsere beiden Kinderwagen gebaut. Und das Allercoolste: Er hat ein Board mit Luftreifen an jeden Wagen drangehängt. Bergab können Hannah, Frieda und Mio in den Wagen sitzen. Mama, Papa oder ich können auf den Boards stehen und bergab sausen. Wenn meine Geschwister laufen, kommt das Gepäck in die Wagen. Bergauf sind sie so schwer, dass Mama und ich uns richtig doll in die Deichsel lehnen müssen, um irgendwie vorwärtszukommen.

»Esel!«, sage ich zu Mama.

»Selber!« Mama lacht. »Und wenn ich dir gleich die Ohren langziehe, dann siehst du sogar aus wie einer!«

Es dauert ewig, bis wir alles Gepäck verstaut haben

Esel trifft Kuh

»Wir können doch eine Kuh ausleihen. Die kann uns ziehen.«

Ich finde Mios Idee genial. Bis die nächste Kuh unseren Weg kreuzt und uns verfolgt! Vielleicht findet sie die Kinderwagen gruselig? Oder unsere bunten Regenjacken? Oder sie hat einfach schlechte Laune.

»Vielleicht ein anderes Tier?«, schlägt Hannah vor, als wir die Kuh abgehängt haben.

»Ja, ein Einhorn!«, sagt Frieda.

»Gibt's die hier in den Alpen?«, fragt Hannah.

»Nee, hier jetzt gerade mal nicht. Aber ihr könnt ja mal Ausschau halten nach Steinböcken und Murmeltieren und Steinadlern. Die leben nämlich wirklich in den Alpen«, sagt Papa.

Super Idee! Ich will unbedingt einen Steinbock sehen. Mein Sternzeichen!

Noch macht das Wandern Spaß

Umzug ins Dachgeschoss

Wenn Paula einen Steinbock sehen will, muss sie noch ein bisschen weiter bergauf kraxeln. Denn in den Alpen ist der Klimawandel schon besonders spürbar. Hier ist es im Durchschnitt schon zwei Grad wärmer geworden. Damit wird es vielen Pflanzen und Tieren in ihrem eigentlichen Lebensraum zu warm – auch den Alpensteinböcken. Sie wandern in höhere Lagen aus, weil es dort kühler ist. Zwei Grad wärmer im Durchschnitt, das ist doch wohl nicht so wild, oder? Doch, ist es! Die großen Gletscher der Alpen sind wegen höherer Durchschnittstemperaturen und geringerem Schneefall schon stark geschrumpft. Seit 1850 sind sie so klein geworden, dass im Durchschnitt nur noch ein Drittel der Fläche und Masse der ursprünglichen Eisriesen übrig ist.

> Warum hat unser Hühnerstall eigentlich keine Klimaanlage? Nicht mal einen läppischen Ventilator ... Lässt sich im Gefrierschrank vielleicht Kunstschnee herstellen?

Jetzt kracht's

Ruhe vor dem Sturm

Huuunger!« Frieda setzt sich auf den Boden und weigert sich, auch nur einen weiteren Schritt zu gehen.

»Ich auch«, stimme ich zu. Wir wandern schon seit dem Frühstück. Und das ist viel zu lange her.

»Wir protestieren, auf allen vieren!« Mio und Hannah setzen sich zu Frieda auf den Boden.

»Alles klar, wir ergeben uns!« Mama und Papa packen den Kocher aus. Ich mache es mir auf der Picknickdecke gemütlich, und meine Geschwister spielen »Wer-zuerst-in-den-Fluss-fällt«.

»Heute auf der Karte: *Tortellini po-mo-do-ri*!«, ruft Papa und tut so, als wäre er ein feiner Kellner in einem italienischen Restaurant. Er legt sich sogar extra ein Handtuch über den Arm und verteilt Teller.

»Tortellini mit Po? Igitt. Das esse ich nicht«, motzt Frieda.

»Alles klar, du bekommst Tortellini ohne den Po!«, sagt Mama.

Wir haben gerade aufgegessen, da spüre ich es.

Platsch. Platsch, platsch. Platsch, platsch, platsch.

Mittagspause: Tortellini mit Po

»Wo kommen denn jetzt plötzlich diese fetten Wolken her?« Mama kramt hektisch nach unseren Regenjacken und Regenhosen. Nur ihre eigene findet sie nicht. Solange sie sucht, spüle ich unsere Teller. Mio und Papa nehmen den Wasserfilter und pumpen gefiltertes Flusswasser in unsere Trinkflaschen. Der Himmel wird immer dunkler.

»Verdammter Mist. Ich habe meine Regenjacke in der letzten Hütte hängen lassen«, stellt Mama fest.

Platsch, platsch, platsch, platsch, platsch, platsch … In Mamas Haut will ich jetzt echt nicht stecken. Es sieht nämlich so aus, als ob das erst der Anfang ist!

»Nimm meine!« Papa gibt Mama seine Regenjacke und läuft los, bevor sie widersprechen kann.

»Wann sind wir endlich da?«, will Frieda wissen.

Jetzt kracht es über uns. Ein Gewitter nistet sich in den Bergen um uns ein. Ich hasse Gewitter! Und auch wenn ich es peinlich finde, das zuzugeben: Ich habe sogar richtig Angst davor. Es gibt keine guten Wege, auf denen wir laufen und die Kinderwagen ziehen könn-

Es wird ungemütlich

Keine vorschnellen Schlüsse!

Eine Schwalbe macht noch keinen Sommer, und ein Unwetter oder ein ungewöhnliches Wetterereignis ist noch kein Hinweis auf den Klimawandel. Erst wenn viele Forscher regelmäßig und über lange Zeiträume klimatische Veränderungen in einer Region feststellen, sprechen sie von Klimawandel.

ten. Und überall sind Felsen. Mama und ich wuchten die Wagen darüber. Bei einem ziemlich lauten Donnergrummeln schrecke ich zusammen.

»So! Wir lassen die Hänger und das Gepäck hier im Tal stehen«, beschließt Mama. »Zuallererst müsst ihr jetzt in Sicherheit gebracht werden.«

Nur Papas Kamerataschen kommen mit. Die sind schon so schwer wie Frieda. Und weil Frieda müde ist, muss Mama sie tragen. Deshalb dauert es noch eine ganze Stunde, bis wir den Aufstieg geschafft haben. Endlich: Da ist die Hütte, in der wir übernachten!

»Frei-Limo für alle Kinder!«, jubelt Papa.

»Geht auch Cola?«, fragt Mio.

»Von mir aus. Aber nur eine. Und nur ausnahmsweise.«

Wenn Mama und Papa Cola erlauben, dann sind sie entweder ziemlich erleichtert oder sie haben ein richtig schlechtes Gewissen. Oder beides!

Vogel Strauß in den Alpen

VON OBEN NACH UNTEN: Mama und Frieda haben genug vom Wandern · Nach dem Gewitterchaos hole ich mit Papa den Hänger · Schon wieder Regen

Wir könnten doch einfach die nächsten beiden Wochen hierbleiben.« Mama sitzt vor der Hütte und streckt ihre Nase in die Sonne.

»Ah, da haben wir ein ganz seltenes Tier vor uns.« Papa schaut sich Mama von allen Seiten an, als ob er sie noch nie gesehen hätte. »Eine vom Aussterben bedrohte Art. Es ist, lasst mich mal sehen, ja, es ist ein Alpen-Faultier«, zieht er sie auf.

»Oh, wie süß, ein Alpen-Faultier!« Hannah freut sich. »Das darf ich jetzt aber wirklich mitnehmen!«

Papa und ich haben schon vor dem Frühstück die beiden Hänger und das Gepäck aus dem Tal geholt. Ich will endlich weiter durch die Alpen laufen.

»Sagt mal, macht ihr euch zum Spaß so zum Esel?«, fragt uns der Hüttenwirt und lacht über unsere Karawane.

Mama erzählt von Emma und vom Klimawandel.

»Ach, Klimawandel. Na, den gibt's bei uns zum Glück nicht«, meint der Wirt. Nur dass es im Winter weniger schneit als im Frühjahr, findet er komisch. Und dass es keinen Herbst und keinen Frühling mehr gibt.

»Der ist ja lustig!« Mio hüpft neben Mama her.

»Nee, der hat Tomaten auf den Augen!«, sage ich.

»Ich glaube, er spielt Vogel Strauß.« Mama lacht.

»Hä?«, sagt Frieda.

»Das sagt man zu Menschen, die bei unangenehmen Sachen den Kopf in den Sand stecken.«

Überraschung mitten im Nichts: Es gibt Getränke

Vogel Strauß trifft lahme Ente

Unser Klimasystem besteht aus ganz unterschiedlichen Bereichen. Nicht alle reagieren im gleichen Tempo auf Veränderungen. Während die Atmosphäre innerhalb von Tagen oder Wochen auf veränderte Bedingungen reagieren kann, brauchen die Ozeane der Erde Jahrhunderte oder länger. Und auch die Eiskörper sind eher lahme Enten. Wenn wir Menschen heute zu viele Treibhausgase ausstoßen, dann bekommen erst die nächsten Generationen die Folgen zu spüren. Klimaveränderungen, die wir heute feststellen, sind zum großen Teil von früheren Generationen verursacht worden. Vielen Menschen fällt es sehr schwer, heute auf etwas zu verzichten oder etwas zu verändern, damit auch Menschen in der Zukunft eine Lebensgrundlage auf unserem Planeten haben werden. Sie stecken lieber den Kopf in den Sand. Aber Vogel Strauß und lahme Ente sind eben kein gutes Team.

Hexentanz mit Schneekranz

Warten auf Mama und Papa

Heute ist ein ganz besonderer Tag!« Papa hat Orangensaft in unsere Gläser gefüllt, und wir stoßen an. »Unser Hochzeitstag.«

»Wir werden langsam alte Schachteln«, sagt Mama. »Es ist schon dreizehn Jahre her, dass wir geheiratet haben!«

»Ist dreizehn nicht eine Pechzahl?«, fragt Mio. Ich hoffe, dass er ausnahmsweise mal nicht recht hat. Heute ist nämlich nicht nur der dreizehnte Hochzeitstag, sondern auch der Tag, an dem wir über den höchsten Pass laufen.

»Quatsch. Nur wenn wir eine Hexenfamilie wären«, behauptet Mama.

»Ich *bin* eine Hexe.« Mama hat Frieda auf eine Idee gebracht. Als wir loslaufen, nimmt sie ihren Wanderstock und tut so, als ob er ein fliegender Besen wäre. Hannah macht mit. Am Anfang merken wir gar nicht, dass wir Kinder viel schneller vorwärtskommen als Mama und Papa. Weil es so steil bergauf geht und die Wege viel schmaler sind als unsere Kinderwagen, brauchen sie ewig.

»Blöder Besen. Der fliegt ja gar nicht!«, beschwert sich Frieda. Wenn sie müde ist, wird sie echt eine kleine Motzkugel. Mama und Papa kommen angekeucht. Ohne Wagen, nur mit Gepäck, weil sie auf den steilen Pfaden nicht alles auf einmal ziehen und schleppen konnten.

»So, ihr Hexen und Zauberer. Ihr macht jetzt Pause und wartet hier auf uns. Wir holen noch die Wagen.«

Als die beiden außer Sicht sind, habe ich eine Idee. »Wir können ja ein Picknick machen. Das spart Zeit, weil wir dann keinen Hunger mehr haben, wenn Mama und Papa endlich da sind.«

Im Rucksack finden wir Brötchen, Äpfel, Karotten, Kekse und getrocknete Aprikosen. Und das Allerbeste: eine Packung Snickers.

»Dürfen wir das alles essen?«, fragt Hannah.

»Natürlich. Mama und Papa wollen doch, dass wir Kraft haben«, beruhige ich sie.

»Dann esse ich, so viel ich kann«, sagt Mio.

Als Papa und Mama zurückkommen, ist kein Krümel mehr übrig, und wir liegen satt und zufrieden auf einem Felsvorsprung.

»Noch ungefähr eine Stunde, dann sind wir auf dem Fimberpass. Das ist der höchste Punkt unserer Alpenwanderung«, sagt Papa.

Ich bin die Erste, die ihn entdeckt!

»Da ist Schnee!« Wir rennen los. Ganze Schneefelder warten auf uns. Wir bauen einen winzigen Schneemann. Aber Mama weigert sich, ihm eine Karotten-Nase zu machen, weil sie findet, dass wir die Karotten für unser Mittagspicknick brauchen. Ich sag ihr lieber nicht, dass die Karotten schon längst verschwunden sind.

»Geschafft!« Papa zeigt auf ein gelbes Schild. »Jetzt sind wir wirklich auf dem Pass!« Er wirbelt Frieda in die Luft. Hannah und ich veranstalten einen Hexentanz, und Mio kippt eine Ladung Schnee über unsere Köpfe. Das lassen Hannah und ich uns nicht gefallen!

»Auf ihn mit Geschrei!« Mio bekommt eine Schnee-Abreibung vom Feinsten.

»Spart mal lieber eure Kraft. Wir haben noch einen ziemlich langen Weg vor uns«, ermahnt uns Papa. Spielverderber! Dafür bekommt er direkt einen Schneeball ab. Volltreffer auf den Sonnenhut.

»Haben wir Skier dabei?«, will Mio wissen. »Dann kommen wir doch viel schneller runter.«

»Dann bräuchten wir gleich noch eine Schneekanone dazu. Das bisschen Schnee hier reicht ja wohl nicht«, antworte ich.

Nach dem Pass geht es megasteil weiter

Mama schiebt, ich ziehe. Trotzdem sind wir lahme Schnecken

Schnee, ade?

Mit jedem Grad Erwärmung steigt die Schnee-grenze um 150 Meter nach oben. Erhöht sich die Durchschnittstemperatur um vier Grad, liegt die Schneegrenze in Zukunft nicht mehr auf 800–1200 Metern Höhe, sondern auf 1400–1800 Metern. Skilifte und Skihotels unterhalb der Schneegrenze stehen dann an grünen Pisten.

Dazu muss ich nichts sagen, oder?

Grüne Pisten

Ski fahren im Sommer? Das könnte sogar im Hochgebirge schwierig werden. Aber selbst im Winter sind die Skipisten der Alpen nicht mehr zuverlässig weiß. Oft kommt statt des erwarteten Schnees nur Regen, oder der Niederschlag bleibt ganz aus. Das ist schade für die vielen Touristen, die extra deshalb ange-reist sind. Und für die vielen Hotel-besitzer, Restaurants und Betreiber der Skipisten. Ohne Schnee gibt es weniger Touristen, ohne Touristen kommt weniger Geld in die Kassen. Manche Skipistenbetreiber ver-suchen deshalb, den Winter künstlich zu erschaffen. Mit Schneekanonen, die einen weißen Streifen auf die grünen Pisten pusten. Das kostet viel Energie, Unmengen an Wasser und Geld und hat Folgen für die Natur in den Alpen. Denn künstlicher Schnee verhält sich anders als echter. Er ist viermal so schwer und braucht dop-pelt so lange, bis er geschmolzen ist.

Manche Alpenbewohner haben noch andere Tricks auf Lager. Beim »Snowfarming« sind bis spät in die Nacht große Pistenraupen unter-wegs, um den Schnee umzuver-teilen. Dorthin, wo die Menschen ihn haben wollen. Der Lärm stört allerdings die Tiere, die hier leben. Und am Ende der Skisaison wird das »weiße Gold« in hohen Berg-lagen mit Tausenden Quadrat-metern Plastikfolie abgedeckt, damit der Schnee nicht schmilzt. Auch das verändert die Land-schaft sehr stark. Aber es gibt auch Alpenbewohner und Alpengemein-den, die ganz anders vorgehen. »Warum mit etwas weitermachen, das schon heute nicht mehr richtig funktioniert?«, fragen sie sich. Statt teuer einen künstlichen Winter zu erschaffen, legen sie neue Winterwanderwege an und über-legen sich, was Touristen in den Alpen ohne Schnee Spaß machen könnte – und der Umwelt weniger schadet.

Rettung in letzter Sekunde

Jetzt geht's nur noch bergab.«
Mio springt von Fels zu Fels und singt ein Weihnachtslied.
Ich glaube, er ist nicht schneeblind, sondern schneeverrückt geworden!

Bergab geht es jetzt wirklich. So steil, dass meine Knie sich nach einer Stunde wie Wackelpudding anfühlen.

»Pause!«, ruft Papa. Wir haben alle tierischen Durst, und die Flaschen sind bis auf den letzten Tropfen leer getrunken. Papa füllt sie an einem Bach auf.

»Da sind ja Fische drin!«, ruft Frieda begeistert. Gerade noch rechtzeitig, bevor ich trinke.

»Quatsch, Friedolinchen!« Mama nimmt Friedas Flasche und linst hinein. Dann schraubt sie ihre auf.

»Hier auch!«, stellt sie fest. Es wimmelt darin wirklich von kleinen Tieren.

»Bäh. Das ist ja widerlich!« Mio spuckt sein Wasser im hohen Bogen über die Picknickdecke.

»Du magst doch Fischsuppe«, ziehe ich ihn auf.

»Auch wenn's keine Fische sind, sondern Mückenlarven: Trinken will ich das Zeug auch nicht.« Mama verzieht das Gesicht und sieht aus, als hätte sie einen Becher puren Zitronensaft intus.

»Ich fasse es nicht. Wir sind mitten im Wasserturm Europas und leiden unter Durst!«

»Welcher Turm?«, will ich wissen. »Ich sehe nur Berge!«

Der Fluss Rhone, mit Gletscherwasser gefüllt.

Frieda will wissen, wie uraltes Gletschereis schmeckt

Der Wasserturm Europas

Viele der Flüsse unseres Planeten entspringen in Bergregionen. Die Hälfte aller Menschen, die auf der Erde leben, werden über sie mit Wasser versorgt. Auch in den Alpen entspringen einige Flüsse, die für die Wasserversorgung von Millionen Menschen sorgen. Deshalb werden die Alpen auch als Wasserturm Europas bezeichnet. Schnee und Eis in den Bergen funktionieren dabei wie ein großes natürliches Vorratslager. Sie füllen das ganze Jahr über die Flüsse immer wieder mit neuem Schmelzwasser, besonders im Frühjahr und im Sommer. Genau dann wird ja auch viel Wasser in den Tälern benötigt, weil die Landwirte ihre Felder gießen. Wenn aus einem Wasserspeicher aber mehr Wasser rausfließt, als nachgefüllt wird, dann ist der Speicher nicht mehr voll. Flüsse führen weniger Wasser, und Menschen, Tieren und Pflanzen im Tal steht weniger zur Verfügung.

So versuchen
Menschen, Gletscher-
schmelze zu verhindern

Neue Haut für weiße Riesen

Frischer Schnee ist nicht nur kalt, sondern auch strahlend weiß. Während sich im Sommer Staub und Schmutz auf den Gletschern ablagern, bedeckt im Winter Neuschnee diese Dreckschicht mit einer hellen Oberfläche. Sie reflektiert einen Teil der Sonnenstrahlen zurück in die Atmosphäre. Wenn der Neuschnee aber ausbleibt, dann wird der Gletscher immer dunkler – und nimmt mehr Sonnenwärme auf. Dadurch schmilzt das Eis noch schneller. Das brachte Wissenschaftler auf eine Idee: Sie testen, ob sich das Abschmelzen verhindern lässt, indem weiße Tücher auf den Gletscher gelegt werden. Die sollen so tun, als wären sie Neuschnee. Aber nicht jeder weiße Riese der Welt kann regelmäßig eine neue Haut bekommen. Und der Grund für das Abschmelzen der Gletscher ist damit leider auch nicht behoben.

Wenn es nicht schneit,
sollen weiße Tücher so tun,
als ob

ursache oder wirkung, Wurzel oder Blätter?

Wie können wir verhindern, dass viele Menschen durch den Klimawandel ihre Lebensgrundlage verlieren? Die meisten Menschen sind sich einig: indem wir das Problem an der Wurzel packen und etwas gegen das Voranschreiten des Klimawandels unternehmen, also weniger Treibhausgase produzieren. Das ist wie bei lästigen Wildkräutern im Garten, die man loswerden möchte. Piksende Brombeeren zum Beispiel, oder Goldrute. Reißt der Gärtner nur die Blätter und Ranken aus und lässt die Wurzel stehen, ist das Zeug zwar für einen Moment nicht sichtbar, wächst aber unterirdisch munter weiter. Einige sind der Meinung, dass wir keine Zeit mehr haben, erst noch mühselig die Wurzel auszugraben. Denn um den Treibhausgasausstoß ausreichend zu reduzieren, müssten wir unsere Lebensweise sehr schnell und sehr stark ändern. Sollte man also lieber nur die Folgen des Klimawandels reduzieren? Das könnte man beispielsweise durch das Abdecken von Eis und Schnee mit Planen. Wiederum andere sagen: Wir müssen die Wurzel samt den Blättern anpacken, also den Ausstoß von Treibhausgasen sofort drastisch reduzieren und trotzdem Wege finden, wie wir uns an Veränderungen anpassen, die unumkehrbar sind.

Papa rettet den Hänger

Als Papa vorschlägt, dass wir schon mal was Leckeres essen, bis er mit dem Filter sauberes Wasser für uns zaubert, spüre ich den Schreck im Bauch als dickes Grummeln. Was wir vorhin gefuttert haben, war ja das Mittagessen!

»Wo, um Himmels willen, hast du das Picknick denn bitte versteckt?«, pflaumt Mama Papa an. Dann graben sie gemeinsam in den Taschen. Da können sie lange suchen. Nur wissen sie das noch nicht …

»Ohne Hunger sind wir viel schneller beim Wandern!«, sagt Mio, als ob damit alles geklärt wäre.

»Nee, oder?« Mama guckt in die Runde. »Ich ahne, wo das Picknick steckt!«

»Ist doch ganz einfach: Im Bauch lässt sich das Essen viel leichter tragen als auf dem Rücken!«, erkläre ich ihr.

Eine einzige XXL-Packung Gummibärchen ist noch übrig.

»Wir sind doch bald in Vnà, wo wir übernachten können, oder?« Ich glaube, Mama hat echt Hunger. Jedenfalls wird sie ab jetzt so langsam, dass wir ständig auf sie warten müssen. Da ist sogar Frieda schneller.

Und dann hören wir sie plötzlich schreien. Richtig laut. Papa lässt seinen Hänger stehen und rennt zurück. Und wir laufen, so schnell wir können, hinterher. Mama steht an einem Schotterfeld, an dem es bergab geht. Der Wagen zeigt schon mit dem Vorderrad in den Abgrund! Papa und ich helfen, den Hänger wieder auf den Weg zu ziehen. Gerade noch rechtzeitig!

»So, mir reicht's!« Mama setzt sich auf den Boden. »Ich habe keine Lust mehr! Ich bleibe hier!«

»Willst du hier wohnen?«, fragt Frieda.

»Hier ist doch gar kein Haus. Und kein Geschäft«, sagt Hannah.

Mama wischt sich ein paar Tränen weg. Dann steht sie auf. »Ich weiß. Natürlich komme ich mit. Aber nicht, weil's hier keine Häuser und Geschäfte gibt, sondern weil ich endlich die beste Pizza der Welt essen will!«

Ich glaube, Mama hat vergessen, dass wir bis zur Pizzeria in Italien noch ein paar Tage laufen müssen. Zum Glück kommen wir kurz danach wenigstens an einem kleinen Hüttchen vorbei, an dem es Kuchen und selbst gemachte Limo zu kaufen gibt. Von hier aus bis nach Vnà geht's nur noch bergab. Und das macht natürlich viel mehr Spaß mit fahrbarem Untersatz unter den Füßen! Deshalb gibt's hier Roller zu mieten, die einfach im Tal wieder abgegeben werden. Ich muss also heute keinen einzigen Schritt mehr laufen und kann mir ohne Anstrengung den Fahrtwind um die Nase wehen lassen.

VON OBEN NACH UNTEN: Wir haben Kohldampf und noch einen langen Weg vor uns · Unsere Rettung: Liegestühle · Die Roller-Sause beginnt

Aufstand im Apfel-Land

Als nach zwei Wochen endlich das Grenzschild zwischen der Schweiz und Italien in Sicht kommt, jubeln wir alle. Ich habe einen solchen Bärenhunger, dass ich am liebsten fünf Pizzen und drei Portionen Spaghetti auf einmal

Geschafft! Italien!
Mama will nie wieder wandern

verschlingen würde. Aber von einem Restaurant ist weit und breit keine Spur. Stattdessen landen wir in einem Apfel-Meer.

»Hatte ich euch eigentlich gesagt, warum die beste Pizzeria der Welt in dem kleinen Dorf Mals so berühmt ist?«, fragt Papa.

»Äh, weil es dort die beste Pizza der Welt gibt, natürlich!« So eine Frage kann auch nur Papa einfallen.

»Ja, schon. Aber das Geheimnis der Pizza habt ihr gerade direkt vor der Nase.«

»Ich sehe nur Äpfel«, sagt Mio.

Äpfel, so weit das Auge reicht. Bäume in ordentlichen Reihen. Und dazwischen Betonpfosten und turmhoch gestapelte Kisten.

»Bingo! Hundert Punkte für den Kandidaten!« Papa lacht.

»Hier gibt es nicht so eine Nullachtfünfzehn-Normalo-Pizza mit Tomatensoße und Pilzen und Käse.« Papa schaut uns an. »Hier liegen Apfelringe auf dem Teig. Und selbst der ist aus Apfelgranulat gemacht.«

»Waaas?«, schreit Hannah. »Das ist ja widerlich. Ich will richtige Pizza!«

»Das sagst du uns jetzt? Wo wir zwei Wochen durch die Alpen gelatscht sind?« Mio ist stinksauer.

»Dann gehen wir jetzt halt doch in Seeheim Pizza essen!«, fordert Hannah.

»Ja, logo, wir laufen einfach noch mal zwei Wochen zurück«, sage ich.

»Haaalllooo, das war ein Wiiitz!« Papa hätte Schauspieler werden sollen. Wir fallen immer wieder auf ihn rein.

Äpfel statt Gift

Mals liegt in Südtirol, dem größten zusammenhängenden Anbaugebiet von Äpfeln in ganz Europa. Weil es auch hier durchschnittlich wärmer wird, kann Apfelanbau in höheren Lagen als bisher stattfinden. In Südtirol werden Äpfel aber fast ausschließlich monokulturell angebaut. Es werden also auf riesigen Anbauflächen nur Äpfel gezüchtet und wenig anderes Obst oder Gemüse. Für die Obstbauern ist das erst mal ganz praktisch, denn in Monokulturen sind immer die gleichen Arbeiten zu erledigen, und dadurch werden weniger Helfer benötigt. Aber die Idee hat einen Haken: Wenn über Jahrzehnte immer dieselben Nutzpflanzen auf einem Feld wachsen, dann verliert der Boden Nährstoffe. Außerdem können sich Schädlinge und Krankheiten viel leichter ausbreiten, weil sie sich auf genau die Nutzpflanze spezialisiert haben, die angebaut wird. Damit das nicht passiert, wird in Monokulturen vorsorglich Gift gespritzt. Bis zu dreißigmal im Jahr

Äpfel, Äpfel, nichts als Äpfel

fahren Traktoren durch die Apfelplantagen Südtirols, um chemische Substanzen auszubringen. Sie vernichten auch eine Vielzahl von Pflanzen- und Insektenarten, die gar nicht schädlich sind. Diese Form der Landwirtschaft hat deshalb noch einen weiteren dicken Haken: Sie sorgt dafür, dass die Vielfalt von Lebensformen und Systemen auf der Erde geringer wird. Und das bekommen auch die Menschen zu spüren. Viele Malser wollten sich das nicht mehr gefallen lassen. Sie wollen Äpfel statt Gift auf den Tisch bekommen. Und sie wollen nicht mehr, dass sich die Spritzmittel in Gärten, auf Schulhöfen, in Parks oder Kindergärten verteilen. Sie kämpfen dafür, dass das kleine Dorf Mals zum Vorbild wird: als erstes Dorf, in dem kein Gift mehr gespritzt werden darf.

VON OBEN NACH UNTEN:
Papa hat Boards an die Kinderwagen gebaut, damit wir bergab sausen können · Wir werden
unterwegs immer superherzlich
aufgenommen · Pizzzzaaaaa!

»Seht ihr: Stur sein ist also gut!«, sage ich zu Mama und Papa.

»Ja, manchmal schon«, gibt Mama zu.

»Dann bestehe ich darauf: Wir gehen schnurstracks in die Pizzeria. Jetzt sofort. Ohne Umwege!«

Tatsächlich – es funktioniert! Eine Stunde später dampft vor mir eine riesige Pizza. Ohne Äpfel, dafür mit Pilzen und Mais. Ich kann noch nicht so richtig glauben, dass ich das wirklich geschafft habe. Ich bin über die Alpen gelaufen, von Österreich über die Schweiz bis nach Italien!

»Können wir das noch mal machen?«, fragt Mio beim Nachtisch – einem Spezial-Eisbecher.

»Waaas? Ohne mich!«, ruft Mama erschrocken.

»Wir haben da aber so eine Idee«, sage ich. »Wir kommen nach Mals zurück und laufen durch den Rest der italienischen Alpen weiter.«

»Genau! Und unterwegs sammeln wir alle Plastik-flaschen ein, die wir finden, und bauen daraus ein Floß, mit dem wir dann über die Alpenflüsse bis zum Meer paddeln«, erklärt Mio.

»Hmm, Meer«, säuselt Mama. »Das klingt nicht schlecht.«

Ich bin mir sicher: Die kriegen wir noch weich. Hundertpro!

Wir sind nur deshalb als blinde Passagiere nach Seeheim gefahren, weil wir auch mal Pizza essen wollten. Jeden Tag Körner – so langsam hängt es uns zum Hals raus. Leider ist die Kellnerin schreiend davongerannt. Hat die noch nie Hühner gesehen?

Schont die Bäume, schnappt euch die Äpfel!

Nicht alle Südtiroler Äpfel bleiben knackig und rund. Viele werden direkt zu Saft gemacht. Dabei entstehen riesige Mengen Fruchtabfall. Bisher wurden diese Reste als Müll entsorgt. Bis ein findiger italienischer Ingenieur auf die Idee kam, die Apfelschalen zu trocknen, zu zermahlen und in einer Fabrik in Papier zu verwandeln. Es gibt sogar schon erste Bücher aus Apfelpapier. So werden zwei Fliegen mit einer Klappe geschlagen: Aus Fruchtresten wird etwas Sinnvolles hergestellt, und es müssen nicht extra Bäume zur Papierproduktion gefällt werden.

Unscheinbarer Held

Sieht normal aus, fasst sich an wie jedes andere auch und riecht nicht mal ungewöhnlich. Trotzdem ist das Buch, in dem du gerade liest, etwas ganz Besonderes. Es wurde zwar nicht aus Apfelresten gemacht, aber trotzdem so umweltschonend hergestellt, dass du es einfach auf den Kompost werfen und verrotten lassen könntest, ohne dass dabei Giftstoffe in Erde, Wasser und Pflanzen gelangen würden. Die verwendeten Farben sind biologisch abbaubar. Weil aber die Herstellung des Buches noch nicht ganz ohne CO_2-Ausstoß funktioniert, werden mit einem Teil des Kaufpreises Klimaschutzprojekte finanziert, die an anderer Stelle CO_2 einsparen. Und zwar mehr, als beim Druck verursacht wurde. Aber das Beste kommt jetzt: Dein Buch wurde nach dem »Cradle to Cradle« Prinzip hergestellt. Das heißt »Wiege zur Wiege«. Dinge, die so produziert werden, verursachen kaum Müll und enthalten viel weniger schädliche Substanzen. Sie können nach der Benutzung zu Nahrung für Pflanzen, Tiere oder Menschen werden (wenn dieses Buch auf dem Komposthaufen landet, wird es zu Humus, und das ist Pflanzennahrung). Oder sie können so weit in ihre Rohstoffe zerlegt werden, dass jeder Bestandteil für neue Produkte genutzt werden kann. Und zwar immer und immer wieder.

SÜDAFRIKA –
Clevere Bäume und tierische Diebe

Logisch denke ich bei Südafrika als Allererstes an afrikanische Wildtiere. Löwen, Elefanten, Hyänen, Giraffen, Zebras, Nashörner – ich bekomme sie wirklich zu sehen. Richtig echt, in voller Größe und manchmal näher, als mir lieb ist. Am Zipfel des afrikanischen Kontinents lerne ich die Tricks kennen, die Köcherbäume bei Hitze und Dürre aus dem Stamm zaubern, denke über Trauben und Orangen in unseren Supermarktregalen nach, finde heraus, warum gesunde Natur unbezahlbar ist, und komme einem tierischen Dieb auf die Spur.

Willkommen in Südafrika!

Wo bleiben denn deine Freunde?«, frage ich Mama.

Wir sind schon vor einer Stunde in Kapstadt gelandet. Unser Gepäck haben wir längst eingesammelt, und jetzt sind wir die letzten Passagiere, die noch in der Ankunftshalle rumstehen.

»Keine Ahnung, was los ist. John hat versprochen, uns abzuholen.« Mama wählt zum hundertsten Mal seine Telefonnummer.

»Nee, nix!« Sie steckt ihr Handy wieder ein. »Dann holen wir erst mal unser Mietauto in der Stadt ab. Irgendwann wird John sich schon melden.«

Ich bin total gespannt auf John und seine Frau Gipsy. Und ihre Kinder Jechra, Jefi, Jael und Jade. Wir haben sie noch nie gesehen, und jetzt werden wir eine ganze Woche mit ihnen reisen. Immer am Meer entlang.

»Ist es sicher, dass wir Elefanten sehen?«, frage ich Mama im Taxi.

»Ganz sicher. Und noch viele andere Tiere.«

»Löwen, Zebras, Giraffen, Geparde, Antilopen …«, rattert Mio runter.

»Und Schlangen!«, unterbricht ihn Frieda.

»Die hoffentlich nur auf Bildern«, sagt Mama. Als wir unser Auto mit zwei Dachzelten darauf abholen, klingelt endlich Mamas Telefon. Ich weiß, dass John dran ist, weil sie Englisch spricht.

»Das fängt ja gut an. John und seine Familie hatten eine Panne. Sie stehen an der Schnellstraße zwischen Innenstadt und Flughafen. Irgendwo am Grünstreifen.«

»Dann wird das unser erster Zwischenstopp«, sagt Papa vergnügt und fährt los.

»Wer von den Kindern ist noch mal genauso alt wie ich?«, fragt Hannah.

»Jechra ist so alt wie Paula, Jefi ist in Mios Alter, Jael ist so alt wie du und Jade wie Frieda«, zählt Mama auf.

»Und die haben noch nie das Meer gesehen«, sagt Mio. »Obwohl Kapstadt am Meer liegt. Das ist doch krass.«

»Sie können es sich halt nicht leisten, einfach zum Spaß durch die ganze Stadt bis zu einem Strand zu fahren«, sagt Papa. »John kommt aus dem Kongo. Das ist ein Land mitten in Afrika. Aber weil dort Krieg war, sind Gipsy, John und Baby Jechra vor vielen Jahren geflohen. Nach Südafrika, in eines der Townships.«

»Kann man das essen?«, will Frieda wissen.

»Friedaaa, du Doofi. Da leben Menschen in Blechhütten. Weil sie kein Geld haben für richtige Häuser oder Wohnungen«, sagt Mio.

»So wie das da!«, sage ich. Neben der Schnellstraße stehen ganz viele Blechhütten. Manche haben nur Plastikplanen als Dächer. Vor einer Hütte ist eine Ziege angebunden, daneben spielt ein kleines Kind. Nur ein struppiger Hund ist als Aufpasser dabei. Aber eigentlich passt er nicht auf, sondern wühlt in einem Müllhaufen.

»Ich bringe ihnen Schwimmen bei!«, beschließe ich. Badeanzüge und Schwimmhosen für Jechra, Jefi, Jael und Jade habe ich extra eingepackt.

»Da! Das sind sie!«, ruft Mama. Sie hört sich aufgeregt an. Vielleicht, weil sie John auch noch nicht gut kennt. Vor fünf Jahren hat sie ihn getroffen, als er Parkplatzwächter war. Seitdem schreiben sie sich E-Mails und schicken Fotos.

Ich habe kaum Zeit, aus dem Auto auszusteigen, schon werde ich umzingelt. Gipsy umarmt mich zuerst, dann John. Sofort zieht mich ein Mädchen mit unzähligen Zöpfen unter einen Baum. Das muss Jael sein. Es hat bestimmt ewig gedauert, so viele Zöpfe zu flechten, überlege ich. Aber es sieht toll aus!

Jael und Hannah umarmen sich zur Begrüßung

Auf einer Decke im Schatten warten Cola- und Limoflaschen auf uns.

»Ich find's echt schön hier. Von mir aus müssen wir nicht mehr weiterfahren. Hier ist doch Platz für unsere Zelte.« Hannah sieht sich begeistert um. Die vorbeirasenden Autos auf der vierspurigen Straße stören sie anscheinend kein bisschen.

»Dann kannst du alleine hierbleiben. Ich will afrikanische Tiere beobachten! Vielleicht gibt es bald keine mehr.« Mio kann es kaum erwarten, endlich loszufahren. Mit Jefi wird die Reise für ihn noch besser, weil er jetzt endlich einen anderen Jungen zum Fußballspielen hat.

»Wieso denn? Die Tiere werden doch wohl nicht einfach umziehen, oder?« So eilig wie Mio habe ich es nicht. Wir sind ja gerade erst angekommen.

Das kaputte Auto

Willkommen am Standstreifen

Kostenloser Service, rund um die Uhr

In gesunder Natur leben viele verschiedene Arten, die wichtige Arbeiten für uns erledigen. Durch sie bekommen wir Nahrungsmittel, Sauerstoff zum Atmen, Heilmittel, Brennstoffe und vieles mehr. Kostenlos, rund um die Uhr, täglich, Woche für Woche und Jahr für Jahr. Aber nicht überall ist noch Platz für wilde Tiere und für Pflanzen. Menschen haben Dörfer und Städte gebaut, bewirtschaften große Felder, errichten Straßen und Fabriken und verwandeln natürliche Flächen in Weideland für ihre Nutztiere. Einfach so umziehen können Tiere aber nicht. Schließlich haben sie sich an ganz bestimmte Lebensräume angepasst. Noch schwieriger als für Tiere ist es für Pflanzen, wenn ihr Lebensraum besetzt wird oder ihre Lebensgrundlage bedroht ist. Wenn es in einer Region beispielsweise zu heiß und zu trocken wird, können sie nicht einfach losmarschieren und sich ein passenderes Fleckchen Erde suchen. Sie sind darauf angewiesen, dass Vögel ihre Samen essen und über ihren Kot in anderen Gegenden verbreiten. Neben dem Klimawandel ist die Umwandlung von natürlichen Flächen in Nutzflächen ein echtes Problem. Dabei gehen nämlich viele Tier-, Pflanzen- und Insektenarten verloren. Dieser Verlust biologischer Vielfalt hat auch für uns Menschen Auswirkungen.

Menschen-Bienen und elektronische Hummeln

Bienen und andere Insekten erledigen eine Arbeit, ohne die wir Menschen wirklich aufgeschmissen wären: Sie bestäuben Pflanzen. Viele Nahrungsmittel, die wir täglich ganz selbstverständlich essen, gäbe es ohne diese fleißigen Helfer nicht. Deshalb macht das große Insektensterben mittlerweile auch den Menschen Sorgen, die sich nicht für die Tiere an sich, aber für ihre Heldentaten interessieren. Was aber, wenn weiterhin so viele Insekten sterben? In China sind schon menschliche Bienen tätig. Mit Pollen im Gepäck ziehen chinesische Arbeiter auf Obstplantagen, um per Hand mühselig

Wenn es zu heiß und trocken ist und zu viele Ziegen Futter suchen, wächst kein Grashalm mehr

die Arbeit zu erledigen, die vorher Bienen übernommen hatten. Und Forscher tüfteln an der Entwicklung einer Mini-Drohne, die bestäubende Insekten ersetzen soll. Beides ist sehr teuer und aufwendig. Bienen und Insekten erledigen diese Arbeit ganz umsonst für uns.

Ein echtes Spatzenhirn mit Gierschlund

Auch in China gab es früher genügend Bienen. So viele, dass sie problemlos die Bestäubung übernahmen, um Nahrungsmittel für mehr als eine Milliarde Menschen zu sichern. Bis Chinas damaliges Staatsoberhaupt Mao Zedong vor sechzig Jahren einen dummen Entschluss traf: Er wollte das Getreide auf den Feldern nicht mehr mit Vögeln teilen. 600.000 Chinesen wurden gezwungen, alle Spatzen des Landes zu töten. Leider fiel Mao Zedong erst danach auf, dass Spatzen ja nicht nur Getreide picken, sondern vor allem Insekten, die für Getreide schädlich sind. Der Mann mit dem Spatzenhirn musste jetzt also die Insekten loswerden. Wie? Er ließ von Firmen so viel Gift liefern und auf den Feldern ausbringen, dass bis heute in manchen Gegenden des Landes kein Insekt und damit auch kein Vogel mehr leben kann. Die Firmen haben sich über diesen Auftrag gefreut, weil sie mit dem Verkauf ihrer Insektenvernichter viel Geld verdienen.

Blinde Kuh

Mio und Jefi kommen dem Klippschliefer ganz nah

Pssst!« Ich drehe mich zu Mio und Jefi um und lege meinen Zeigefinger auf den Mund. Ausgerechnet jetzt müssen die beiden Jungs auftauchen. Ich liege schon seit einer halben Stunde auf dem Bauch und krieche Millimeter für Millimeter vorwärts. So langsam wie eine Schlange mit einer Tonne Backsteine im Bauch. Vor mir im Gestrüpp sitzt ein Klippschliefer, der aussieht wie eine Mischung aus Meerschweinchen, Ratte und Biber. Ich bin schon so nah rangekommen, dass ich ihn fast berühren könnte.

»Wir wollen los!«, flüstert Mio, so leise er kann. Was immer noch zu laut ist. Das Knopfaugen-Tier ist blitzschnell verschwunden.

»Oh Mann, Mio. Wie willst du jemals Tierforscher werden?«

Mio rennt mit Jefi vorweg. Beide Familien stehen schon startbereit an unseren Zelten.

»Wir dachten schon, der Schliefer hätte dich verschlungen!«, sagt Mama und hakt sich bei Gipsy unter. Seit wir in Südafrika sind, quasseln die beiden von morgens bis abends ohne Unterbrechung.

Wir haben für heute extra einen kurzen Weg ausgesucht, weil Gipsy noch nicht weiß, ob Wandern was für sie ist. Wenn sie wüsste, dass wir zum Pizzaessen über die Alpen gelaufen sind, würde sie uns bestimmt für verrückt erklären. Zwei Stunden soll der Weg heute dauern – eine Stunde bergauf bis zum Aussichtspunkt, eine wieder zurück zum Strand. Weil Jechra aber zum ersten Mal in seinem Leben im Wald unterwegs ist und noch viel bessere Adleraugen hat als wir alle zusammen, bleibt er ständig stehen, um sich etwas genauer anzuschauen, und wir warten auf ihn. Damit bekomme endlich mal nicht ich die Medaille als größte Trödelsuse des Tages. Und weil Mama immer noch ununterbrochen quasselt und Papa fotografiert und John mit uns Quatsch macht, schaut keiner von uns richtig auf den Weg. Nach zwei Stunden sind wir immer noch mitten im Wald und nicht wie geplant wieder an der Küste. Dann zieht auch noch Nebel auf, ganz plötzlich und unerwartet! Nicht nur ein bisschen, sondern so dick wie Buttermilch. Mama, Mio, Hannah, Jael, Frieda und ich nehmen uns an die Hände. Die anderen hat der Nebel verschluckt. Wir hören sie zwar weit entfernt, sehen können wir aber nichts und niemanden mehr.

»Was passiert denn, wenn wir nicht mehr heimfinden?« Mio klingt ängstlich, und das will echt was heißen.

»Ich glaube, wir müssen den Weg hier nehmen. Von dort kommen die Geräusche der anderen«, sagt Mama.

»Nein, die kommen doch genau aus der anderen Richtung«, sage ich.

Mama ruft in die Nebelsuppe hinein, und weit entfernt hören wir eine Antwort. Aber von wo genau?

»Geht der Nebel wieder weg?«, fragt Hannah.

VON OBEN NACH UNTEN:
Jechra nimmt jedes Detail genau unter die Lupe · Noch ist alles in Ordnung beim Wandern · Wo stecken die anderen? Der Nebel hat sie verschluckt

»Auf jeden Fall«, beruhigt Mama sie.

Für mich ist die Sache damit klar. Ich lasse meinen Rucksack auf den feuchten Waldboden fallen. »Dann bleiben wir hier, bis wir wieder was sehen. Sonst laufen wir vielleicht die ganze Zeit in die falsche Richtung.«

Genau so machen wir es. Zum Glück haben wir noch eine Flasche Wasser und eine Packung Kekse. Aus der Buttermilch-Nebelsuppe wird langsam eine dünnere Milchbrühe, sodass wir wieder ein paar Meter weit sehen können. Wir rufen nach den anderen, bis John endlich vor uns auftaucht. Alle jubeln!

Zurück auf dem Campingplatz, verkriechen wir Kinder uns in dem großen Zelt, das wir für unsere Freunde mitgebracht haben, und spielen Karten. Mama, Papa, Gipsy und John braten Eier und kochen Kartoffeln.

»Das sieht aus, als käme eine Herde Elefanten zum Essen!« Mama lacht über die Mengen.

Es ist so schade, dass unsere neuen Freunde morgen wieder nach Kapstadt zurückfahren. Andererseits kann ich es jetzt auch kaum mehr erwarten, weiterzureisen und echte afrikanische Wildtiere zu sehen.

»In fünf Wochen treffen wir uns alle wieder in Kapstadt«, versichert Mama uns. »Dann laden wir eure neuen Freunde ein, in der Seilbahn auf den Tafelberg zu fahren.«

Das ist das einzig Blöde am Reisen: Immer wieder muss man Tschüs sagen, wenn's gerade am schönsten ist. Immerhin müssen wir uns dieses Mal noch nicht ganz voneinander verabschieden.

Wilde Tiere trauen sich morgens ganz nah ans Zelt

Unser Zeltlager im Tsitsikamma-Nationalpark

Kostenlos und trotzdem wertvoller als Gold

Überall in der Welt versuchen Menschen, sich das Leben einfacher zu machen. Zum Beispiel, indem sie Straßen und Kanalsysteme für Abwasser anlegen, Müll zu Deponien bringen, Wasser in Kläranlagen reinigen, Stromkabel verlegen, Kraftwerke zur Energiegewinnung oder Häfen und Bahnhöfe zum Transport von Menschen und Gütern nutzen. Der Aufbau dieser Infrastruktur ist sehr teuer. Jeder Arbeiter will schließlich bezahlt werden, und Baumaterialien müssen gekauft und an die richtigen Orte gebracht werden.

Die Natur hat aber auch eine kostenlose Infrastruktur aufgebaut, die uns Menschen hilft, auf der Erde zu überleben: Flüsse, Seen, Meere, Wälder, Savannen, Moore und alle anderen Lebensgemeinschaften, die von Wissenschaftlern Ökosysteme genannt werden. Die Aufgaben, die sie für uns Menschen erfüllen, werden Ökosystemleistungen genannt. Saubere Luft, sauberes Trinkwasser, Nahrung und vieles mehr. Kostenlos heißt aber nicht, dass sie nicht wertvoll sind. Im Gegenteil. Sie sind so wertvoll, dass sie nicht mit Gold oder Edelsteinen aufgewogen werden können. Wenn nämlich Ökosysteme durch Klimawandel oder andere menschliche Eingriffe so verändert

Manche Pflanzen sehen langweilig aus, erledigen aber wichtige Aufgaben.

oder zerstört werden, dass sie ihre natürlichen Aufgaben nicht mehr erfüllen, leiden alle Lebewesen in ihrer Umgebung: unter Hunger oder Durst, unter Krankheiten, Überschwemmungen oder beispielsweise Luftverschmutzung. Je weniger Lebensgrundlage vorhanden ist, umso mehr müssen sich Menschen darum streiten. Ein Mangel an sauberem Wasser kann deshalb sogar zu Kriegen führen, und Dürren mit Missernten können Hungerkatastrophen auslösen, die Millionen Menschen zur Flucht in andere Länder zwingen.

Die Elster aus dem Nachbargarten hat sich über unsere Johannisbeersträucher hergemacht. Ohne zu fragen! Jetzt schieben wir Wache. Mit einer selbst gebauten Hühnerkacke-Schießanlage. Die wird ihr blaues Wunder erleben!

Nachbar Löwe

Leben hier wirklich irgendwelche Tiere?«
Ich sehe nur roten Sand und trockenes Gestrüpp. Es ist so heiß, dass ich mich wie in
einem Backofen fühle.

»Und ob. Deshalb dürfen wir ja auch nicht einfach durch die Kalahari laufen. Du
würdest ganz sicher ziemlich schnell Bekanntschaft mit einem Löwen machen«,
sagt Papa. »Und zwar so innig, dass danach nicht mehr viel von dir übrig wäre.«

»Geparden! Drei Stück!« Mios Stimme überschlägt sich. Das passiert immer,
wenn er völlig aus dem Häuschen ist. Mio zeigt auf eine Akazie. In ihrem Schatten
liegen drei riesige Raubkatzen und hecheln. Denen ist bestimmt genauso heiß wie
mir.

»Juhuuu!« Papa macht eine Arschbombe auf seinem Autositz. »Das wünsche ich
mir schon, seit ich so alt war wie du, Mio! Geparden in freier Wildbahn!«

»Was ist denn eine freie wilde Bahn?«, fragt Hannah.

Anne Rasa erforscht
Tierverhalten und bringt
uns Spurenlesen bei

»Einfach die Natur. Nicht der Zoo«, sagt Mio.

Aussteigen verboten! Wir dürfen nur vom Auto aus fotografieren.

Also, ich weiß ja nicht, ob die Kalahari, in der wir gerade sind, wirklich freie Natur ist. »Hier gibt es doch auch Zäune und Wasserlöcher, die extra für die Tiere gebaut wurden. Und Straßen. Und wir mussten Eintritt bezahlen.« Mir kommt es hier fast vor wie in einem Zoo, nur ein bisschen größer.

»Wir sind in einem Nationalpark«, sagt Mama. »Da werden die Tiere geschützt. Sie dürfen nicht gejagt werden, und am Abend müssen alle Menschen den Park verlassen oder auf die Zeltplätze gehen, damit die Tiere ihre Ruhe haben.«

Ist vielleicht auch besser so!

»Mama, darf ich das Fenster aufmachen?«, fragt Frieda.

»Nee, Friedolinchen. Dann wird's doch viel zu heiß.«

»Aber dann kann ich den Löwen besser sehen«, erklärt Frieda.

»Das sind Geparden«, sagt Mio. Er klingt wie mein Lehrer.

»Nein, ein Löwe. Und wenn ich das Fenster aufmache, kann ich ihn sogar streicheln.«

Mama fällt vor Schreck fast die offene Wasserflasche aus der Hand.

»Das gibt's ja nicht!«

Wir drücken alle unsere Nasen an Friedas Scheibe. Direkt neben dem Auto hat eine Löwin es sich im Schatten gemütlich gemacht. Sie lässt sich keinen Millimeter aus der Ruhe bringen. Nur die Fliegen, die sich in ihr Gesicht setzen, nerven sie.

Jedes Mal, wenn wir ein neues Tier erspähen, bin ich sicher, dass es nicht noch besser werden kann. Wir entdecken Eland-Antilopen, Ducker, Kuhantilopen, Warzenschweine, Streifengnus, Spießböcke, Kudus, Springböcke, Meerkatzen und Paviane. Na ja, Mio entdeckt sie. Er scheint Spezial-Augen zu haben, die zum Tiere-in-der-Wildnis-Suchen bestens geeignet sind. Hinter einer Kurve stehen drei Giraffen mitten auf dem Weg. Ihre Bewegungen sehen aus, als ob sie in Zeitlupe ablaufen. Frieda findet an einem Picknickplatz sogar einen Stachelschweinstachel unter dem Tisch, aber von dem Schwein dazu fehlt jede Spur.

VON OBEN NACH UNTEN:
Pasta-Futtern in der Kalahari. Wir dürfen sogar auf dem Tisch sitzen, zur Sicherheit vor Tieren · Auf dem Zeltplatz in der Kalahari findet Hannah ein zahmes Erdhörnchen

Als wir am Abend in unseren Dachzelten liegen, kann ich nicht einschlafen. Völlig verrückte Geräusche platzen durch die Nacht.

Papa strahlt mit der Taschenlampe auf den Boden – mitten ins Gesicht eines Schakals, der im Lichtschein wie angewurzelt stehen bleibt. Dann schleichen zwei Hyänen um uns herum.

»Wetten, die springen gleich über den Zaun!«, flüstert Mio.

Machen sie nicht. Zum Glück. Auch wenn ich mir sicher bin, sie würden am liebsten mal nachschauen, welches Essen wir Menschen futtern. Um dann gleich zu probieren, wie es so schmeckt.

Mama sitzt vor dem Zelt an einer Feuerstelle und kocht Kartoffeln für den nächsten Tag vor, damit wir ein Picknick machen können. Plötzlich blitzen hinter ihr zwei leuchtend grüne Punkte auf.

»Achtung! Du wirst beobachtet!«, rufe ich Mama zu. Das kleine Wesen, dass sich anschleicht, ist überhaupt nicht scheu: eine gefleckte Wildkatze. Sie sieht fast genauso aus wie meine Katze zu Hause. Die habe ich als Winzling im Wald gefunden und mit einer Flasche großgezogen. Völlig geräuschlos springt die Katze direkt neben Mama auf den Tisch. Keiner von uns sagt mehr ein Wort. Und Papa vergisst vor lauter Staunen sogar, seine Kamera auszupacken. Wie lange die Katze neben Mama sitzt und sie anschaut, weiß ich nicht. Aber als sie wieder davonschleicht, gebe ich zu: Das ist *doch* kein Zoo! Und ich bin ziemlich froh, dass zwischen mir, dem Schakal und den Hyänen wenigstens ein wackeliger Zaun steht und unsere Zelte auf dem Autodach aufgebaut sind. Hier fühle ich mich sicher und kann gemütlich vom Schlafsack aus in den funkelnden Sternenhimmel schauen.

So viele verschiedene Tiere
leben in der Kalahari

Je kleiner,
desto frecher.
Elefantenkinder
sind richtig
wilde Kerle

Platz gemacht!

Dass so viele Touristen jedes Jahr nach Südafrika reisen, hat einen guten Grund: Hier leben sehr viele verschiedene Tiere und Pflanzen auf engem Raum. Nicht nur die weltweit bekannten *Big Five*, die großen fünf: Elefanten, Löwen, Nashörner, Leoparden und Büffel. Auch weniger bekannte Arten wie Pelikane, Hornvögel, Pinguine, Leguane, Schildkröten, Echsen, Schlangen und Mungos. Und natürlich die Winzlinge, die sich erst auf den zweiten oder dritten Blick zu erkennen geben: Käfer, Bienen, Spinnen und Schmetterlinge. Mehr als 300 verschiedene Arten von Säugetieren leben in Südafrika, 500 Vogelarten und über hundert Reptilienarten. Ganz zu schweigen von den vielen Insekten. Obwohl besonders in den Nationalparks Tiere und Pflanzen unter Schutz stehen, sind viele Arten bedroht – manche sogar vom Aussterben, wie zum Beispiel Bergzebras, Wildhunde, Nashörner und Geparden. Außerhalb ihrer Schutzgebiete werden die Tiere oft gejagt oder vergiftet, ihr Lebensraum wird von Menschen besetzt, und der Klimawandel macht es für sie noch schwieriger zu überleben. Viele Tiere weichen sogar in Städte aus. In Kapstadt leben mittlerweile Paviane mitten unter den Menschen. Sie rotten sich sogar zu Horden zusammen, überfallen Häuser und verwüsten sie regelrecht. Je knapper die Lebensgrundlagen werden, umso öfter entsteht nicht nur Streit zwischen Menschen, sondern auch zwischen Menschen und Tieren. Schließlich will jedes Lebewesen überleben.

Heimweh und Liebeskummer

Seeheim, aber ziemlich weit weg von zu Hause

Ob ihr's glaubt oder nicht: Hier gibt es echt einen Ort, der Seeheim heißt!« Papa beugt sich über die Karte von Namibia, Südafrikas Nachbarland, und pikt an einer Stelle ins Papier.

»Das ist ja verrückt. Wie unser Dorf zu Hause?« Mama glaubt es erst, als sie es mit eigenen Augen sieht.

»Ja! Da will ich hin!« Frieda klatscht in die Hände. »Gibt's da auch einen Natale?« Das ist das Eiscafé bei uns in Seeheim.

»Natale gibt's doch nicht in Namibia.« Mio lacht so laut, dass Frieda sich über ihn ärgert.

»Weißt du doch nicht.« Sie zwickt ihm wütend in den Arm.

»Können wir wenigstens mal nachgucken?«, will Hannah wissen. »Ich habe jetzt echt Heimweh!«

VON OBEN NACH UNTEN:
Die ersten Köcherbäume.
Aus ihren Ästen haben
Buschmänner Köcher für
ihre Pfeile gemacht.

»Du meinst wohl eher Eishunger!« Mama lacht.

»Liegt eh auf dem Weg.« Papa setzt seine Sonnenbrille auf und düst los. Eine Staubwolke steigt hinter unserem Jeep in den Himmel.

Dass Seeheim in Namibia aus einem einzigen Gebäude besteht, sehen wir, als wir die trockene Piste entlang darauf zurollen.

»Das ist ja ein Spukschloss!« Hannah macht aus dem Auto ein verwackeltes Foto.

Irgendwie sieht es wirklich so aus. Wie eine Mischung aus Hogwarts und Frankenstein. Ein Kind mit einem Schwein am Seil läuft uns entgegen. Zwei kleinere Kinder schieben ein Auto vor sich her, das aus alten Dosen und einem Stück Autoreifen gebastelt ist.

»Können wir mal sehen, was die da machen?« Hannah wartet Mamas und Papas Antwort nicht ab und steigt aus, sobald Papa geparkt hat. Mio, Frieda und ich kommen mit.

Während Mama und Papa im Gruselschloss nach einem Zimmer fragen, sehen wir, wo die Kinder wohnen. Ihr Zuhause ist eine Hütte aus Wellblech, die hinter dem Gebäude steht. Ein paar Männer sitzen auf Klappstühlen und trinken etwas.

»Kommt, wir holen unseren Ball.« Ich erkläre auf Englisch, dass wir gleich wiederkommen, und ein Mann nickt. Keine Ahnung, ob er mich wirklich verstanden hat oder nur nett sein will.

Von Nahem ist das Hotel zwar nicht mehr so gruselig, aber irgendwie seltsam. Überall hängen Felle an den Wänden – Zebras, Löwen, Giraffen. Und ausgestopfte Tiere versperren den Weg.

Mein Bauch sagt mir: Ich will nicht bleiben. Bis ich Mama sehe – oder besser gesagt ihren neuen Freund! Er ist klein und grau und sitzt auf ihrer Schulter.

»Ein Graupapagei. Der kommt aus dem Kongo, wie John und Gipsy«, erklärt Mio. Woher, um alles in der Welt, tauchen in seinem Bordcomputer eigentlich immer diese ganzen Infos auf?

»Fliegen kann er nicht mehr. Die haben ihm die Flügel gestutzt. Aber dafür ist er eine Quasselstrippe«, erzählt uns Papa.

»Darling«, sagt der Papagei zu Mama. Das heißt »Liebling« auf Englisch. »Darling, darling, darling!«

»Hey, du Aufreißer, Krallen weg von meiner Frau!«, beschwert Papa sich lachend. Dass der Papagei Mama »Liebling« nennt, ist ja schon lustig. Aber er meint es anscheinend auch noch wirklich ernst. Den ganzen Abend weicht er Mama nicht mehr von der Schulter. Und auch als wir am nächsten Tag frühstücken, klettert er von seiner Sitzstange über das Geländer auf die Stuhllehne und schnurstracks zu Mama.

Mamas Darling

»Darling!«, krächzt er wieder.

Papa verdreht die Augen. Die Leute an den Tischen um uns herum lachen und machen Fotos von Mama und ihrem Verehrer, der sogar beim Kaffeeholen bei ihr bleibt.

Als wir wieder im Auto sitzen, zieht Mama eine Feder aus ihrer Hosentasche. Grau und flauschig. Sie steckt sie an den Spiegel.

»Ich fürchte, jetzt müsst ihr mal einen Tag lang eine Mutter mit Liebeskummer ertragen!«, sagt sie. Sie lacht dabei, aber ich sehe im Spiegel, dass eine kleine Träne aus ihrem Augenwinkel kriecht.

Schön ist es auf dem Weg jetzt nicht gerade. Kein einziges Tier ist in Sicht. Nur trockene Felder, auf denen ein paar Maispflanzen stehen.

»Was passiert eigentlich, wenn es nicht nur uns, sondern auch dem Mais zu heiß wird?«, will ich wissen. »Gibt's hier dann nichts mehr zu essen?«

Wow, ich hab's geschafft: Nicht mal Mio hat sofort eine Antwort parat.

Wer ist hier eigentlich gemeint?

Wenn in diesem Buch von »den Wissenschaftlern« die Rede ist, dann ist damit das Team des Weltklimarates gemeint. Das sind Tausende von Wissenschaftlern, die sich alle paar Jahre treffen, um zusammenzutragen, was sie in ihren Spezialgebieten über den Klimawandel herausgefunden haben. Sie beschäftigen sich mit vielen verschiedenen Fragen zum Klimawandel und veröffentlichen dann ihre Ergebnisse. Wie weit ist der Klimawandel vorangeschritten, und wann ist mit welchen Auswirkungen zu rechnen? Was bedeutet das für Menschen, Tiere und Pflanzen, für die Umwelt und auch für unsere Wirtschaft? Die Fakten, die die Wissenschaftler des Weltklimarates zusammentragen, lesen Politiker in der ganzen Welt. Sie müssen sich dann entscheiden, wie sie ihre Länder besser auf den Klimawandel vorbereiten und was sie tun können, um die Erderwärmung zu stoppen. Für ihre Arbeit bekommen die Wissenschaftler des Weltklimarates übrigens kein Geld. Sie arbeiten ehrenamtlich.

Mais und andere Sorgenkinder

In Südafrika leben siebzig Prozent der Menschen von Einnahmen aus der Landwirtschaft. Aber gerade für das südliche Afrika erwarten Wissenschaftler große Probleme durch den Klimawandel. Es wird heißer und regnet seltener, dafür aber extrem heftig. Auch Brände nehmen zu. Wasserknappheit und Hitze sorgen für geringere Ernten oder sogar für Ernteausfälle. Vor allem in Monokulturen oder wenn Nahrungsmittel in den falschen Gegenden angebaut werden. Also dort, wo das Klima nicht zu den Nutzpflanzen passt, die Menschen ansiedeln wollen. Das heißt zwar nicht, dass in Zukunft kein einziges Nahrungsmittel mehr auf Südafrikas Feldern und Obstplantagen wächst. Wenn aber plötzlich eine kleinere Menge Mais vorhanden ist und gleichzeitig genauso viele Menschen wie bisher Mais kaufen wollen, dann bekommt derjenige den Mais, der am meisten dafür bezahlt. Mais wird teurer. Wirklich schwierig wird es dann für die Menschen, die in Südafrikas Armenvierteln leben, wie John, Gipsy, Jechra, Jefi, Jael und Jade. Sie müssen entweder auf andere Nahrungsmittel ausweichen oder weniger Mais für dasselbe Geld

Straßenkünstler malen Bilder von ihren Townships

kaufen. Das südliche Afrika ist im Vergleich zum Rest Afrikas allerdings richtig wohlhabend. Kommt es in Ländern wie Somalia oder im Sudan zu Dürren und Missernten, dann verhungern zigtausend Menschen, weil sie gar nichts mehr zu essen bekommen.

»Ist doch weit weg«, sagen manche Menschen, wenn sie aus den Nachrichten erfahren, dass Dürren oder Unwetter Ernten vernichtet haben. Das stimmt aber nicht ganz. Denn auch in unseren Supermärkten werden hauptsächlich Produkte aus anderen Ländern verkauft. Trauben, Orangen, Zitronen, Äpfel oder Fleisch aus Südafrika zum Beispiel. Wenn also in Südafrika Ernten ausfallen, dann verhungern wir zwar nicht, aber auch bei uns steigen die Preise. Und je heftiger sich der Klimawandel bemerkbar macht, umso mehr bekommen auch wir das beim Einkauf zu spüren.

Township Khayelitsha in Kapstadt (was auf Xhosa »Neue Heimat« heißt). Hier leben fast 500.000 Menschen

Mondlandung

Sind wir jetzt auf dem Mond?«, fragt Frieda und schmiert sich dabei ein Stück Schokolade ins Gesicht, das in der Sonne geschmolzen ist.

»Dann wäre unser Auto ja eine Rakete!«, sagt Hannah.

»Unser Auto ist das Gegenteil von einer Rakete. Da wären wir ja zu Fuß schneller.« Ich bin genervt, weil wir schon den ganzen Tag Richtung Köcherbaumwald fahren. Erst mit dem Auto auf einen Ponton – eine schwimmende Brücke, die uns über den Oranje-Fluss gebracht hat. Dann auf einem holprigen Weg, vorbei an Männern mit Ziegenherden, die in die ausgedörrten Bäume geklettert sind, um an ein paar welke Blätter zu kommen. Und seit einigen Stunden gibt es nicht mal mehr einen Weg. Nur noch Felsen und Schotter.

»Wo soll denn hier ein Wald sein?«, frage ich. »Hier *kann* doch gar nichts wachsen.«

Es wird schon dunkel, als wir am Kokerboomkloof-Camp ankommen. Das ist der Köcherbaumwald, wegen dem wir uns durch den Richtersveld-Nationalpark schlagen. Nur ein einziges anderes Auto steht hier, mitten im Nichts.

Die schwimmende Brücke auf dem Oranje finde ich gruselig

Im Richtersveld-Nationalpark sieht es aus wie auf einem anderen Planeten ↙

Mio, Hannah und ich schälen Kartoffeln und schnipseln sie in Scheiben. Mama und Papa machen ein Feuer, über dem wir unser Abendessen braten. Je dunkler es wird, desto mehr Sterne kommen zum Vorschein. Millionen. Oder Milliarden? Vielleicht auch Trilliarden?

»Warum gibt es hier eigentlich so viel mehr Sterne als bei uns?«, will ich wissen.

»Bei uns gibt es genauso viele Sterne. Wir sehen sie nur nicht. Weil der Himmel durch künstliche Lichtquellen viel heller ist.«

»Pssst. Hört mal«, flüstert Mama.

Sosehr ich mich anstrenge, ich kann nur das Feuer hören.

»Da ist doch nix!«, sagt Mio.

»Ja, eben!« Mama strahlt. »Kein Auto, kein Flugzeug, kein Zug, kein Radio. Absolute Stille.«

Die Stille endet am Morgen, als wir zu den Köcherbäumen laufen. Umzingelt von Millionen Fliegen. Die miesen Biester versuchen sogar, in unsere Ohren, Augen und Münder zu kriechen.

»Sieht aus wie ein Elefantenfriedhof«, stellt Mio fest, als wir die ersten Bäume sehen. Überall liegen abgestorbene Äste, die aus der Entfernung an Skelette erinnern.

VON OBEN NACH UNTEN:
Es ist so heiß, dass Mio und Hannah sich lieber schieben lassen · Wir braten Kartoffeln überm Feuer · Hans Willem lebt im Richtersveld. Es hat drei Jahre lang nicht mehr geregnet · Hans zapft uns frische Ziegenmilch

Weil es immer heißer wird und weniger regnet, sterben Köcherbäume aus

Dieser Köcherbaum ist wohl nicht mehr zu retten

Mensch, Mensch!

Wir verändern die Erdoberfläche immer weiter. Dabei wird die Vielfalt des Lebens auf unserem Planeten immer kleiner. Mittlerweile gelten wir Menschen deshalb sogar als die Art, die den stärksten Einfluss auf den Zustand der Erde nimmt. Nicht besonders rühmlich, denn unsere Lebensweise – was wir kaufen, wie wir Dinge produzieren und in welchen Mengen – hinterlässt mittlerweile sogar in den abgelegensten Winkeln eine Schneise der Verwüstung. Ein Team von Wissenschaftlern schlägt deshalb sogar vor, ein neues Erdzeitalter auszurufen: das Anthropozän, das Zeitalter des Menschen. Wer so gekrönt wird, hat aber nicht nur Rechte, sondern vor allem auch Pflichten. Viele andere Generationen und Arten wollen mit und nach uns auf der Erde leben können.

Mitflug-Gelegenheit gesucht!

Köcherbäume und andere Wüstenpflanzen haben sich hervorragend an Hitze und Trockenheit angepasst. Seit es aber auch in Südafrika im Durchschnitt heißer wird, mehr Tage mit extremer Hitze im Jahr vorkommen und weniger Regen fällt, haben einige Arten wie der Köcherbaum Probleme zu überleben. Es ist einfach ein bisschen zu heiß und zu trocken geworden. Der Köcherbaum hat einen cleveren Trick auf Lager, mit dem er versucht, ungewöhnliche Dürre und Hitze zu überstehen. Wenn es zu heiß und trocken wird, stößt er nach und nach seine Äste ab – denn jeder einzelne Ast will ja mit Nährstoffen und Flüssigkeit versorgt werden. Gibt es keine durstigen Äste mehr, bleibt mehr Wasser für den Hauptstamm. Und der ist für den Köcherbaum am allerwichtigsten. Leider gibt es immer weniger Köcherbäume im Norden Südafrikas, und es wachsen auch kaum noch junge Bäume nach. Die paar Samen, die tatsächlich keimen, entwickeln sich nicht mehr zu ausgewachsenen Bäumen. Hätten die Köcherbäume Beine, dann würden sie Richtung Süden laufen. Denn die Vegetations- und Klimazone, in der sie sich wohlfühlen, wird durch den Klimawandel nach Süden verschoben. So bleibt den Köcherbäumen nicht viel anderes übrig, als auf fleißige Samenverbreiter zu hoffen, die weit fliegen können und dann auch noch genau an der richtigen Stelle ihren Darminhalt loswerden – mit den Samen der Köcherbäume darin.

Auf dem Weg zum »Elefantenfriedhof« der Köcherbäume

Königreich der Zwerge

Nicht nur der Köcherbaum ist bedroht. Auch viele Arten von Pflanzen, die am südlichen Zipfel von Afrika im kleinsten und artenreichsten Pflanzen-Königreich der Erde leben. Viele dieser Arten sind endemisch. Das bedeutet, dass sie nur hier leben und nirgendwo anders auf der Erde. Durch steigende Temperaturen und Mangel an Regen nehmen allerdings

Brände zu. Außerdem breiten sich durch das veränderte Klima fremde Arten aus, die die einheimischen Pflanzen verdrängen. Und Menschen ver-

ändern die Erdoberfläche, indem sie Straßen, Gebäude und Fabrikanlagen bauen und große Felder anlegen.

Pflanze ist Pflanze, könnte man denken. In einem System hat aber jede Pflanze ihre ganz bestimmten Aufgaben. Sie ist Teil eines Puzzles. Wenn ein Teil fehlt, lässt sich das Bild noch erkennen. Fehlen ein paar Teile, lässt es sich erahnen. Und wenn die Lücken zu groß werden, können wir nur noch raten, was da vor uns liegt. Stirbt eine Art, dann übernehmen manchmal andere Arten deren Aufgaben. Das funktioniert aber nur, wenn nur wenige Arten verschwinden und zudem die Lebensbedingungen für die verbleibenden Arten optimal sind.

Haltet den Dieb!

S topp!«

Papa tritt auf die Bremse.

»Schaut euch die Aussicht an.« Mama kurbelt die Fensterscheibe runter. »Lasst uns mal aussteigen.«

»Hier steht aber, dass man nicht aussteigen darf. Wegen der Paviane!« Ich zeige Mama das Schild.

»Ach, nur kurz. Was sollen die uns denn tun?«

Stimmt. Paviane sind ja keine wilden Bestien. Und von einem Felsen am Straßenrand sieht man einen superschönen Strand. Wir klettern aus dem Auto und knallen die Türen zu. Damit die Paviane erst gar nicht auf die Idee kommen, sich uns zu nähern.

»Sind alle Fenster zu?«, fragt Mama sicherheitshalber. Dann laufen wir zu den Aussichtsfelsen.

Als es hinter uns hupt, drehen wir uns um. Ein Mann zeigt auf unser Auto.

»Hast du die Handbremse angezogen?«, will Mama von Papa wissen.

»Ja, logisch. Außerdem steht das Auto doch.«

»Vielleicht meint der ja gar nicht uns!«, sage ich. Aber da hupt es schon wieder. Und diesmal zeigen auch andere Menschen auf unser Auto.

»Jetzt gehen wir halt mal schnell nachschauen, was das Theater soll.« Wir laufen hinter Mama her zum Auto. Fenster und Türen sind verschlossen. Wie vorher auch. Das Auto rollt nicht, und es macht auch sonst nichts, was es nicht soll.

»Was haben die denn?« Papa öffnet die Fahrertür und knallt sie sofort wieder zu. Er ist gespenstisch weiß im Gesicht.

»Da sitzt ein Pavian auf der Rückbank!«, keucht er. »Der hat mich angefaucht und mir seine Hauer gezeigt. Die sind so lang wie mein kleiner Finger.«

Vorsichtig laufen wir ums Auto herum. Da sitzt tatsächlich der Affe und mampft eine Papaya, die wir gerade auf dem Markt gekauft hatten.

»Wie ist der denn da reingekommen?«, will ich wissen. »Die Türen waren doch zu!«

»Anscheinend hat er sie geöffnet und sogar wieder hinter sich zugemacht«, sagt Papa.

»Und jetzt? Nehmen wir den mit?«

»Mitnehmen geht auf keinen Fall. Die Frage ist nur, wie wir ihn wieder loswerden.«

Papa muss all seinen Mut zusammennehmen, um es zu versuchen. Er öffnet die hintere Tür, aber der Pavian fletscht die Zähne und bleibt einfach sitzen.

»Gibt's Probleme?« Zwei Südafrikaner kommen auf uns zugelaufen. Mit dicken Holzknüppeln in den Händen.

»Äh, ja, kann man so sagen.« Papa schaut auf die Knüppel.

»Der Affe geht nicht mehr aus dem Auto«, erklärt Mama.

»Das passiert hier häufiger. Macht mal Platz.«

Wir gehen in Deckung. Die Männer stellen sich an die beiden Hintertüren, zählen bis drei und rei-

So einer saß in unserem Auto. Jetzt halten wir lieber Abstand

VON OBEN NACH UNTEN:
Nach dem Pavian-Schreck gehen wir schwimmen - mit den besten Schwimmlehrern der Welt! · Am Strand beobachten wir frisch geschlüpfte Küken

ßen sie auf. Aber so, dass sie selbst hinter den Türen versteckt sind. Wieder fletscht der Affe nur die Zähne. Die Männer fuchteln mit den Knüppeln. Das findet der Affe jetzt richtig blöd. Kein Wunder, wo es doch so leckeres Essen im Auto gibt. Er faucht und droht, aber die Männer treiben ihn in Richtung Tür. Bevor der Pavian aus dem Auto springt, schnappt er sich noch schnell die Papaya und eine Papptüte. Mit seiner Beute schießt er davon.

»Halt, du Dieb!«, ruft Mama ihm hinterher. »In der Tüte ist mein neues T-Shirt!«

Papa und ich müssen so lachen, dass die zwei Männer uns verwundert anschauen.

»Ich fresse einen Besen, wenn morgen hier ein Affe mit T-Shirt hockt.« Papa ist fast hysterisch vor Lachen.

Dass wir morgen noch mal hierherkommen müssen, ist wohl klar. Die Chance lassen wir Kinder uns auf keinen Fall entgehen: Einen Affen in T-Shirt und einen Besen fressenden Vater bekommen wir ganz sicher nie wieder zu sehen!

Wir haben Einladungen zu einer Pool-Party verschickt. Im Moment sieht unser Gartenteich aber eher aus wie ein Matschpfuhl. Viel zu wenig Wasser drin. Das wird ja superpeinlich. Tut doch was!!!

Trockene Wasserhähne, singende Duschen

Obwohl Wasser in Südafrika Mangelware ist, gibt es kaum ein Land auf der Welt, in dem mehr Wasser pro Kopf verbraucht wird. Auch noch während der großen Dürre, die 2016 begann. Das Land könnte bald sogar einen traurigen Rekord aufstellen: Südafrika könnte zum ersten Land der Welt werden, in dem aus Wasserhähnen kein Wasser mehr fließt – sofern die Dürre weiter anhält und Menschen weiter so sorglos mit dem kostbaren Wasser umgehen. Mittlerweile sind in öffentlichen Toiletten die Spülungen abgestellt. In Hotels werden Menschen gebeten, das Duschwasser zum Bewässern der Pflanzen in Eimern zu sammeln. Bekannte Musiker haben »Zwei-Minuten-Duschlieder« komponiert. Sie sollen Menschen dazu ermutigen, auf keinen Fall länger zu duschen, als die Lieder dauern – also allerhöchstens zwei Minuten.

Abschied von unseren Freunden in Kapstadt

Dieser Giraffenkopf aus Perlen hängt jetzt in meinem Zimmer

Hannah freut sich auf ihren dicken Schnurr-Kater

ALBANIEN – Flaschenpost und kletternde Pferde

Ich bin sofort begeistert, als meine Mutter verkündet: »In den Sommerferien reiten wir mit einer Gastfamilie durch Albanien!« Das wird das größte Abenteuer meines Lebens! Wir begegnen wilden Pferde- und Eselherden in den Bergen, wehren Herdenschutzhunde ab, zelten zwischen Schafherden an Flussufern, lassen uns mit den Pferden von der Strömung treiben, überqueren einen Bergpass und retten das Pferd meiner Gastschwester Sophia. Bei 44 Grad im Schatten wird das Wichtigste auf unserer Reittour: Wasser finden! Und das ist schwieriger, als wir alle gedacht haben.

Rennbrötchen im Anmarsch

Tomi, Xhengo, Zenit, Kaon, Ajer«, liest Hannah auf den Schildern über den Ställen. »Das sind ja komische Pferdenamen. Wie soll ich mir die denn merken?«

»Es reicht ja, wenn du weißt, wie dein Pferd heißt. Zumindest für den Anfang«, beruhigt Papa sie.

»Und wenn du's erkennst!«, sage ich.

»Welches ist denn mein Pferd?« Hannah läuft durch die Stallgasse. Vor einem Rappen mit ganz langer Mähne bleibt sie stehen. »Den hier nehme ich!«, beschließt sie.

Aurel lacht und streicht ihr über den Kopf. Unser albanischer Gastpapa ist supernett zu uns Kindern. Er spricht zwar kein Deutsch, aber er hat trotzdem verstanden, dass Hannah Ajer reiten will. Auf Englisch erklärt er Hannah seinen Plan, und Papa übersetzt: »Der ist zu wild. Du bekommst ein anderes Pferd. Ein echtes Rennpferd. Aber leichter zu kontrollieren.«

Als Aurel ausgerechnet vor dem allerkleinsten Pferd stehen bleibt, ist Hannah enttäuscht.

»Wieso soll ich das kleinste Pferd reiten? Das kann doch Frieda nehmen!«, beschwert sie sich.

Doch Aurel beschwichtigt sie. »Kaon ist ein Krieger. Ein echter Held. Als er noch ein Lastenpferd war, musste er 200 Kilo schleppen. Obwohl er so winzig ist. Außerdem ist er der beste Freund vom *Professor*. Und das ist mein Pferd. Wir zwei reiten also immer zusammen.«

Jetzt ist Hannah zufrieden. Immer bei Aurel bleiben, das klingt nach einem guten Plan für die nächsten zwei Wochen.

Ausgerechnet Frieda bekommt das größte Pferd von allen zugeteilt: Tomi.

»Der ist erst drei Jahre alt und war noch nie so lange in den Bergen unterwegs, aber er liebt Kinder. Der passt auf dich auf wie auf ein rohes Ei!«, verspricht Kristina, unsere Gastmutter. Ich bekomme den wilden Ajer, der vom vielen Kämpfen schon voller Narben ist.

Die Pferde unserer Gastfamilie leben halb wild in den Bergen. Ganz im Süden von Albanien, an der Grenze zu Griechenland. Sie laufen frei herum und kommen nur in den Stall, wenn sie Lust dazu haben. Manchmal gibt es aber auch Zoff, vor allem unter den Hengsten. Jedes Pferd hat Narben von Bissen und Tritten.

Aurel, Kristina und ihre Tochter Sophia helfen uns beim Satteln. Unsere Packtaschen sind mit Wasserflaschen vollgestopft. Es ist so furchtbar heiß, dass ich am liebsten im Stall bleiben würde.

»Für den Anfang merkt euch: Reihenfolge einhalten. Es gibt hier Pferde, die sich auf den Tod nicht ausstehen können. Die sollten sich nicht zu nahe kommen«, warnt Aurel.

Ich reite vor Frieda, damit ich ihr Pferd zur Not bremsen kann. Dahinter kommt Mama und hinter ihr Papa und Mio. Hannah reitet ganz vorne bei Aurel und Sophia.

VON OBEN NACH UNTEN:
Vor dem Abritt werden alle Pferde frisch beschlagen ·
Frieda sitzt Probe auf Tomi ·
Es geht gleich steil bergab

»Und ich sammle alles und jeden ein, der verloren geht!«, sagt Kristina am Ende der Karawane und grinst.

»Können wir in der Vjosa baden gehen?«, fragt Mio.

»Auf jeden Fall. Aber so schnell sind wir noch nicht an der Vjosa. Vorher kommen noch andere Flüsse und Bäche, in die ihr springen könnt«, verspricht Mama.

Kaum sind wir alle im Sattel, wird's lustig. Mios Pferd überholt Papa und Mama. Friedas Pferd will nicht überholt werden und tritt aus. Hannahs Winzling ist ein echtes Rennbrötchen. Um mit seinem großen Freund, Aurels Pferd, mithalten zu können, muss es richtig Gas geben. Papa versucht, uns zu filmen und zu fotografieren, und vergisst, dass er trotzdem die Zügel festhalten muss.

Ich reite ja wirklich gerne, und meine Islandpferde zu Hause sind freche Flitzepiepen. Aber dass die Pferde hier noch mal eine ganz andere Nummer sind und die kommenden Wochen echt abenteuerlich werden,
das merke ich schon in den ersten Minuten.

Forscher entdeckten in der Vjosa 2017 sogar neue Arten

Viele Arten würden den Bau des Wasserkraftwerks nicht überleben.

Wimmel-Wusel-Land

So ein Gewimmel und Gewusel wie an der Vjosa gibt es an europäischen Flüssen nicht oft. Viele gefährdete Tierarten haben hier ihr Zuhause. Und Wissenschaftler entdecken sogar immer wieder Arten, die noch völlig unbekannt sind. Gerade die ohnehin schon gefährdeten Tiere benötigen besonderen Schutz. Staudämme verändern ihren Lebensraum aber so, dass viele von ihnen hier nicht mehr leben könnten. Drei Viertel der gefährdeten Fischarten und fast ebenso viele gefährdete Weichtierarten würden den Staudammbau auf dem Balkan nicht überleben.

Es gibt nur wenige frei fließende Flüsse in Europa

Die Vjosa

Königin mit blauer Schleppe

In Europa gibt es das fast gar nicht mehr: frei fließende Flüsse, die kaum verbaut wurden. Nur im Balkan. Das ist eine große Halbinsel in Südosteuropa, auf der mehrere Länder liegen, darunter Albanien. Sieben große und viele kleine Flüsse fließen durch Albanien bis zum Meer, der Adria. Die Vjosa ist einer davon. In Europa ist sie eine echte Seltenheit: eine Königin mit betörend blauer Schleppe. Von ihrer Quelle in Nordgriechenland bis zu ihrer Mündung ins Meer fließt sie 270 Kilometer durch enge Schluchten und dichte Wälder und verzweigt sich dann zu einem Netz aus Wasseradern, die durch ein breites Kiesbett strömen. Hier leben seltene Arten, die es nur dort gibt, wo die Flusslebensgemeinschaft noch nicht gestört ist. Vögel nisten am Ufer, Insekten und Reptilien fühlen sich wohl in ihrer Umgebung. Menschen tränken ihre Ziegen, Pferde, Esel und Hunde an der Vjosa und legen in ihrer fruchtbaren Umgebung Felder an.

Aber auch in Albanien steigt der Verbrauch von Energie, und es werden Möglichkeiten gesucht, Strom klimafreundlich zu produzieren. Darum hat die albanische Regierung geplant, Hunderte von Wasserkraftwerken an der Vjosa und anderen albanischen Flüssen zu bauen – zusätzlich zu den Wasserkraftwerken, die es in Albanien schon gibt. Dafür muss der Fluss an vielen Stellen so stark verändert werden, dass Tiere und Pflanzen ihren Lebensraum verlieren. Dörfer und Felder müssten für die geplanten Stauseen geflutet und Menschen umgesiedelt werden. Einheimische Anwohner, internationale Forscherteams und Umweltaktivisten wollen verhindern, dass die letzten intakten Flüsse Europas verbaut werden.

So nicht!

Hier wird schon mit dem Bau eines großen Kraftwerks an der Vjosa begonnen

In Albanien wird fast der gesamte Strom aus Wasserkraft gewonnen. Berechnungen von Klimaforschern sagen aber voraus, dass nicht nur die Temperaturen in Albanien in Zukunft ansteigen – um zwei Grad bis 2050 und um vier Grad bis 2100. Auch die Regenmenge nimmt ab, im albanischen Sommer wird viel weniger Regen fallen als bisher. Davon sind auch die Flüsse betroffen, denn weniger Regen bedeutet geringere Wasserstände in den Flüssen und Seen. Und damit haben auch die Wasserkraftwerke ein Problem, weil sie bei Niedrigwasser viel weniger Energie produzieren. Deshalb stellen viele Menschen der albanischen Regierung zu Recht die Frage, warum sie gesunde Flüsse zerstören will, um neue Wasserkraftwerke zu bauen, die wegen des Klimawandels sowieso nicht gut funktionieren würden. Schon jetzt leisten viele Kraftwerke

bei Niedrigwasser nicht das, was geplant war. Das ist so, als würdest du jeden Morgen an die Bushaltestelle laufen, um immer wieder festzustellen, dass kein Bus rechtzeitig zur Schule fährt. Es wäre schlau, irgendwann nicht mehr auf den Bus zu warten, mit dem du sowieso nicht pünktlich da bist, sondern dir lieber andere Möglichkeiten zu überlegen, wie du zum Ziel kommst: beispielsweise mit dem Fahrrad. Anwohner, Wissenschaftler und Umweltschützer sind der Meinung, dass andere Methoden der Energiegewinnung genutzt werden sollten. Und zwar solche, die in Albanien gut funktionieren und weniger Schaden anrichten. Solarkraft bietet sich an. Denn wenn man sich in Albanien auf eines verlassen kann, dann ist das regelmäßiger Sonnenschein.

LINKS: Im kleinen Dorf Kute wehren sich die Menschen gegen den Bau des Wasserkraftwerks RECHTS: Gemeinsam mit Wissenschaft-lern und Umwelt-schützern wollen sie den Bau ver-hindern

Faules Ei

Die großen neuen Kraftwerke, die an der Vjosa ge-plant sind, haben noch einen Haken: Der Strom, der dort produziert wird, ist nicht nur für Albanien gedacht. Er soll auch in andere Länder exportiert werden. Die sind dann fein raus. Sie können sich damit brüsten, klimafreundlichen Strom zu nutzen, und gleichzeitig müssen sie dafür nicht ihre eigenen Flüsse verbauen. Damit bekommt Albanien ein echt faules Ei gelegt. Das Land erhält zwar erst mal Geld, aber damit lassen sich später weder kaputte Flüsse reparieren noch trockene Felder bewässern oder überflutete Dörfer wiederbeleben.

Felder und Häuser müssten für den Stausee geflutet werden

Dort, wo jetzt Heu geerntet wird, wäre dann ein See

Kletteraffen

Da kann doch kein Pferd hochlaufen!«, sage ich ungläubig.

Aurel zeigt auf eine Bergpassage vor uns. Da sind richtige Felsstufen, so hoch wie mein Knie. Und alles ist voller Dornengestrüpp.

»Zieht euch langärmlige Hemden über. Und vertraut den Pferden einfach!« Aurel zwinkert mir zu. »Das sind Bergpferde. Die wissen, wie das geht.«

Bevor ich mir noch weiter Gedanken machen kann, ob der Plan wirklich funktioniert, reitet Aurel auch schon los, und alle Pferde folgen ihm. Jetzt weiß ich auch, warum die Pferde Metallplatten mit Stollen unter die Hufe genagelt bekommen. Sie würden sonst abrutschen. Ajer setzt erst ein Vorderbein auf den Felsvorsprung, dann das nächste. Dann zieht er die Hinterbeine nach. Er klettert! Wie ein Affe. Na ja, ein etwas plumper und großer Affe, aber immerhin. Stück für Stück arbeitet er sich den Berg hoch, bis wir auf einer freien Fläche ankommen.

»Pause!«, verkündet Aurel. Wir sind alle richtig platt und haben Bärenhunger. Die Pferde dürfen grasen, und Mio, Hannah, Frieda, Sophia und ich legen uns mit allen Klamotten und Schuhen direkt in einen Bach. Es ist so heiß, dass unsere Klamotten sowieso gleich wieder trocken sind.

»Ich glaube, Papa kriegt einen Sonnenstich, wenn wir ihn nicht mal ein bisschen abkühlen.« Die anderen finden meine Idee gut.

»Und Aurel auch!«, sagt Hannah.

Wir füllen unsere Hüte mit Wasser und kippen es über die Erwachsenen. Keiner motzt – im Gegenteil! Aurel, Mama und Papa machen das Gleiche mit uns. Aber wir sind ja eh schon klitschnass.

Uns ist heiß! Nicht mal ein Sandbad macht noch Spaß. Dürfen Hühner eigentlich ins Freibad gehen?

Kristina hat ein Picknick aufgebaut: Pita mit Spinat, Tomaten, Gurken, Schafskäse, Oliven. Und zum Nachtisch pflücken wir uns Feigen und Maulbeeren. Die sind so saftig, dass Hannah danach aussieht, als käme sie direkt aus einem wilden Kampf. Überall fließt dunkelroter Maulbeersaft an ihr hinunter.

»In den Nachrichten warnen sie vor Bränden. Die Hitzewelle hält weiter an. Es wird so heiß wie wirklich selten in Albanien. In drei Tagen haben wir 44 Grad im Schatten.« Aurel sieht ein bisschen besorgt aus. »Ich bin mir nicht sicher, ob wir das durchhalten.«

»Das ist ja mal wieder typisch. Da kommen wir einmal nach Albanien, und schon ist hier eine Rekordhitze.« Mama kann Hitze nicht ausstehen. Ich auch nur, wenn Wasser in der Nähe ist.

»Wir müssen auf jeden Fall genug trinken.« Gut, dass Papa mich dran erinnert. Ich laufe zu Ajer, um aus meinen Packtaschen Wasser zu holen. Aber alle Flaschen sind leer.

»Die müssen wir an der nächsten Quelle unbedingt auffüllen«, sagt Aurel und gibt mir seine letzte Wasserflasche.

»Im Notfall«, überlege ich mir, »trinke ich einfach aus dem nächsten Fluss. Wie Ajer.«

Im nächsten Flussbett, das wir kreuzen, ist aber kein Wasser mehr. Nicht mal eine kleine Pfütze.

VON OBEN NACH UNTEN:
Wo Wasser ist, springen wir rein und machen Wasserschlachten · Papa macht 27 Arschbomben hintereinander · Sogar die Pferde wollen schwimmen gehen

»Verdammt!«, flucht Kristina. »Da seht ihr's. Es hat im Winter und im Frühjahr zu wenig geregnet. Und das kommt dann dabei heraus: trockene Flussbetten im Frühsommer.«

Unsere Pferde werden plötzlich unruhig. Besonders Papas Hengst. Er steigt und wiehert und sieht so aus, als ob er gleich ein Rodeo veranstalten will.

»Dann müssen wild lebende Pferde in der Nähe sein!«, sagt Aurel.

Schon kommt eine Herde Pferde und Esel auf uns zugeschossen.

»Der graue Hengst in der Herde hat's faustdick hinter den Ohren«, weiß Aurel.

Auch wenn er das schönste Pferd ist, das ich jemals gesehen habe: Ich will nix wie weg hier. Geht aber nicht. Der Graue versperrt uns den Weg.

»Ich fürchte, der will erst mal klären, wer hier der Boss ist«, sagt Mama.

Die Schutzhunde, die auf die Herden in den Bergen aufpassen, drängen uns zusammen. An ihren Halsbändern sind Stachel befestigt, die so lang sind wie mein Zeigefinger – damit Bären und Wölfe sie nicht töten können.

Wir klatschen in die Hände, werfen die Arme in die Luft und machen einen Höllenlärm. Bis der Graue zur Seite weicht, und die anderen Pferde und Esel mit ihm. Nur die Herdenschutzhunde verfolgen uns noch ein ganzes Stück, bis sie sicher sind, uns wirklich losgeworden zu sein.

Es ist zu heiß, jetzt fehlt der Vjosa Wasser

Blaues Gold und grünes Wasser

Süßwasser wird manchmal *blaues Gold* genannt. Der Vergleich hinkt ein bisschen, weil wir sehr wohl auf Gold verzichten könnten, während Leben ohne sauberes Süßwasser nicht denkbar ist. Aber immerhin wird so klar, wie wertvoll diese Ressource ist. Doch wie kann Süßwasser eigentlich knapp werden, wenn so viel davon auf der Erde vorhanden ist? Im globalen Wasserkreislauf geht kein Wasser verloren – es verschwindet ja nicht einfach von der Erde. Wenn es aber weniger regnet und die Temperaturen steigen, dann sinkt der Wasserpegel der Flüsse und Seen, weil Menschen es beispielsweise zum Bewässern ihrer Felder nutzen oder weil es verdampft. Das sogenannte *Grünwasser* wird von Menschen für den Anbau von Pflanzen genutzt. Es verschwindet zwar nicht vom Planeten, aber es steht Menschen und Tieren auch nicht mehr zum Trinken zur Verfügung. Außerdem wird ein Teil des Süßwassers durch menschliche Aktivitäten verschmutzt und damit unbrauchbar gemacht.

VON OBEN NACH UNTEN:
Flaschen füllen am Brunnen · Mulis bringen das Wasser zu den Häusern · Schatten finden wir nur ziemlich selten · Unterwegs zelten wir oder übernachten bei albanischen Familien in den Bergen

So ein Mist!

In einem der wasserreichsten Gebiete der Erde, im Amazonas, sitzen die Menschen im wahrsten Sinne des Wortes auf dem Trockenen – zumindest, was das Trinkwasser betrifft. Ölfirmen bohren hier nach Rohöl und verseuchen dabei die Süßgewässer so massiv, dass die Krebsrate vor Ort rasant steigt und viele Kinder mit Behinderungen geboren werden. Denn Rohöl enthält giftige Schwermetalle wie Blei und Quecksilber, und die machen Menschen und Tiere schwer krank oder töten sie sogar.

Zum Glück gibt es Organisationen, die in den kleinen Amazonas-Gemeinden Abhilfe schaffen. Sie installieren gemeinsam mit den Menschen vor Ort Sammelsysteme für Regenwasser.

Aber auch direkt vor unseren Haustüren gibt es verschmutztes Trinkwasser. Wo intensiv Landwirtschaft betrieben wird, landet zu viel mineralischer Dünger und Gülle aus Massentierhaltung auf den Feldern. Das darin enthaltene Nitrat gelangt in Flüsse, Seen und sogar ins Grundwasser.

Es geht auch anders

Die Verseuchung von Trinkwasser wird erst aufhören, wenn wir Menschen umdenken. Noch ist Rohöl in unserem Alltag allgegenwärtig, auch wenn wir das nicht merken: zur Gewinnung von Energie, als Treibstoff für Transportmittel, zur Herstellung vieler verschiedener Kunststoffe und sogar in Kosmetikartikeln und Medikamenten. Und noch nie in der Geschichte haben Menschen so viel Fleisch und Milchprodukte gegessen wie heute – und damit so viel Gülle als Abfallprodukt produziert. Aber all das lässt sich ändern. Es gibt Alternativen zu Kunststoffen auf Rohölbasis. Zum Beispiel Joghurtbecher aus Maisstärke oder Getränkeflaschen aus Zuckerrohr. Oder Produkte aus recyceltem Plastik, Energie aus nachwachsenden Stoffen und Kosmetik und Medikamente ganz ohne Rohöl. Und wer weniger Fleisch isst und dafür öfter pflanzliche Nahrung, der lebt ganz eindeutig umweltfreundlicher.

Katzenwäsche und Ziegenmilch

Poli freut sich, dass endlich mal ein Junge zu Besuch kommt – zum Kicken

Im Bergdorf Brezhdan kommen einige Kinder angeflitzt, als sie das Hufgetrappel unserer Pferde hören. Mio, Hannah und Frieda wollen am liebsten gleich mit ihnen davonstürmen, aber erst mal müssen schließlich die Pferde versorgt werden. Was für eine Plackerei im Vergleich mit zu Hause! Hier gibt's nämlich kein Wasser aus Wasserhähnen, sondern nur von der Quelle. Und die liegt noch höher als das Dorf. In meinem ganzen Leben habe ich noch nie so geschwitzt, nicht mal in Australien oder Afrika.

»Kommt mit, ihr werdet schon erwartet!« Kristina bringt Mio, Hannah, Frieda, Sophia und mich in das Haus der Familie, bei der wir heute übernachten. Zu Eli und Petro, ihrer Schwiegertochter Borana und Boranas kleinem Sohn, der wie sein Opa heißt. Obwohl Brezhdan als das ärmste Dorf Albaniens gilt, haben unsere Gastgeber extra für uns eingekauft. Pappsüße Limo in Grellgrün und Neonorange, Saft, Chips und Kekse. Alles, was Mama und Papa nie kaufen wollen. Und sie haben einen Fernseher ausgeliehen, den sie in der Küche für uns anschalten. Aber von der Sendung, die da läuft, verstehen wir sowieso kein Wort. Obwohl es hier wenigstens schattig ist, bleiben wir nicht lange im Haus. Die

Auch wenn's verboten ist, pumpen die Menschen heimlich Vjosa-Wasser auf die Felder

Wasserschlucker

Das meiste Süßwasser wird in der Landwirtschaft genutzt. Weltweit landen zwei Drittel des Wassers auf Feldern. Da gibt es Pflanzen, die einen unersättlichen Wasserdurst haben. Baumwolle, Reis, Tomaten und Weizen zum Beispiel. In die Baumwolle, die in einem einzigen T-Shirt steckt, fließen 2700 Liter Wasser.

Nachbarskinder Poli und Irsa wollen mit uns spielen. Poli ist ein richtig guter Kicker, Mio und er dribbeln zwischen dem Kälbchen der Familie, dem Esel und den Nachbarn hindurch. Die sind extra gekommen, um mal zu sehen, wer wir sind. Und um Essen zu bringen: eingelegte Walnüsse, Oliven, Käse. Am komischsten finden sie, dass wir kein Fleisch essen. Aber eigentlich können sie sich freuen, weil sie nicht extra eine Ziege schlachten müssen, finde ich.

Eli backt über der offenen Glut Pita. Das ist Gebäck aus vielen dünnen Schichten Teig, und dazwischen sind Spinat und Wildkräuter. Alles, was wir zu essen bekommen, ist selbst gemacht: gefüllte Aubergine, Salat, Gurke, Schafskäse, Honig, gebratene Kartoffeln. Die Zutaten kommen aus den Gärten vor den Häusern oder aus den Bergen.

Obwohl in der Küche ein Herd steht, backt und kocht Eli draußen über dem Feuer. Sogar in den Fast-Food-Restaurants in der Stadt wird über Holz gekocht und gegrillt. Ich frage mich nur, woher eigentlich das Holz kommt. Bäume gibt es hier doch so gut wie keine. Das weiß ich genau, weil ich mich sonst nämlich sofort daruntergesetzt hätte, um der Sonne wenigstens mal einen Moment zu entkommen.

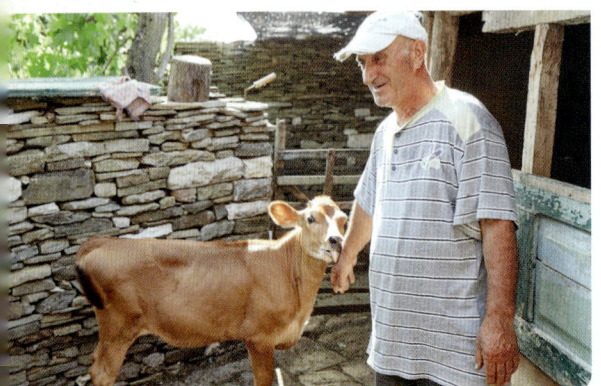

VON OBEN NACH UNTEN:
Eli backt über der Glut · Alles, was
für uns gekocht wird, kommt aus
den Gärten der Familien · Petros
ganzer Stolz: sein Kälbchen, das mit
Mama-Kuh hinterm Backhaus wohnt

Besser spät als nie!

Albanien wurde viele Jahrzehnte von einem Diktator regiert, und die Einwohner hatten kaum Kontakt zu Menschen in anderen Ländern. Albaner mussten während dieser Zeit in ihrer direkten Umgebung selbst für Baumaterial und Energie sorgen. Wie? Klar, mit Wäldern und Flüssen! Holz kann als Baumaterial und Brennstoff eingesetzt werden. Vor allem, wenn Bäume einfach ohne Genehmigung gefällt werden, also illegal und damit zunächst mal kostenlos. Zur Energiegewinnung wurden an einigen albanischen Flüssen Wasserkraftanlagen installiert. Nach dem Ende der Diktatur wurden weiter massenhaft Bäume gefällt, als Baumaterial für Albaner selbst und zum Verkauf in andere Länder. Albanien ist heute Rekordhalter:

Kein anderes Land in Europa fällt mehr Bäume, als es nachpflanzt. Wenn man aber von etwas mehr nimmt, als man wieder zurückgibt, ist der Vorrat irgendwann leer. Die Rechnung versteht jedes Kindergartenkind. Auch die albanische Regierung hat das jetzt begriffen. Ganz schön spät, aber besser spät als nie. 2016 wurde für die kommenden zehn Jahre ein strenges Rodungsverbot erteilt. Kein Holz darf das Land mehr verlassen, und auch für den eigenen Bedarf kann kein Baum mehr gefällt werden. Leider gibt es immer noch illegale Baumfäller, die sogar in Schutzgebieten und Nationalparks ihr Unwesen treiben. Wenn sie erwischt werden, kommen sie hinter Gitter. Und zwar richtig lange.

Holzweg!

Auf der Erde gibt es ungefähr 3.000 Milliarden Bäume, fast die Hälfte davon wächst in den Tropen oder Subtropen. 15 Milliarden Bäume werden jedes Jahr auf der ganzen Welt abgeholzt. Alle drei Sekunden verlieren wir weltweit eine Waldfläche, so groß wie ein Fußballfeld. Das macht zwanzig Fußballfelder pro Minute. Damit sind wir aber auf einem gefährlichen Holzweg, denn Wald gehört zu unserer Lebensgrundlage. Ohne Wälder können auch wir Menschen nicht überleben.

Grüne Superhelden!

Bäume sind nicht nur schön und spenden Schatten. Sie sind auch ein wichtiger Teil des Wasserkreislaufs. Dort, wo Bäume mit tiefen Wurzeln stehen, gelangt Regenwasser bis ins Grundwasser. Dort, wo keine Bäume mehr wachsen, verdunstet das meiste Regenwasser einfach. Mit der Folge, dass es Menschen und Tieren an Trinkwasser mangelt. Außerdem beeinflussen Bäume das Klima in der Gegend, in der sie wachsen. Waldflächen sorgen für Wolkenbildung. Wenn große Flächen Wald abgeholzt werden, fällt also weniger Regen in diesem Gebiet. Und ohne Niederschlag steigt die Gefahr von Dürren und Bränden. Außerdem sind Wälder wichtige Ökosysteme, in denen Tiere Unterschlupf und Nahrung finden. Was Bäume aber regelrecht zu grünen Superhelden für uns macht: Sie nehmen Kohlendioxid und andere Treibhausgase aus der Luft auf und geben Sauerstoff an die Umgebung ab. Wir brauchen Sauerstoff zum Atmen. Weil Menschen immer mehr Kohlendioxid in die Luft pusten, wären eigentlich immer mehr Bäume nötig, um die Luft zu reinigen. Abholzung ist also wirklich genau das Gegenteil von dem, was dringend gebraucht wird.

Du Nachmacher!

Das lässt sich niemand gerne sagen, oder? In diesem speziellen Fall könnten wir allerdings viele Nachmacher gebrauchen! Denn wenn alle nur reden, aber nichts tun, dann ändert sich nie was. Das hat Felix Finkbeiner schon in der Grundschule kapiert. Deshalb hat er gemeinsam mit anderen Kindern begonnen, Bäume zu pflanzen. Wozu warten, bis Erwachsene den ersten Schritt machen? Nach drei Jahren hatten die Kinder allein in Deutschland eine Million Bäume gepflanzt. Der von Felix gegründeten Organisation Plant-for-the-Planet gehören mittlerweile 100.000 Kinder auf der ganzen Welt an. Jedes Kind kann mitmachen. Überall auf der ganzen Welt. Und das können ja jetzt ausnahmsweise auch mal die Erwachsenen nachmachen!

So karg war es hier nicht immer. Viel zu viele Bäume wurden gerodet

Ich bin so satt, ich platze gleich!«, jammert Hannah, als Eli ihren gerade leer gewordenen Teller wieder füllt.

»Eli meint, ihr braucht mehr Kraft. Damit ihr euch morgen wieder auf den Pferden halten könnt«, erklärt Kristina.

»Wenn ich noch mehr esse, dann kann ich gar nicht mehr reiten, weil mir schlecht ist«, wendet Hannah ein.

»In Albanien ist so was einfach sehr ungewöhnlich. Hier sind Pferde eigentlich Lastentiere. Und Kinder reiten nicht zwei Wochen durch die Gegend.«

Trotzdem passt nichts mehr in unsere Bäuche. Auch dann nicht, als der Nachtisch kommt: Berge von Melonen. Und Nüsse, in zuckersüßen Sirup eingelegt.

»Hier gibt es ja keine Geschäfte, wo man eine Süßigkeit kaufen könnte. Und das wäre auch zu teuer und ist nur in absoluten Sonderfällen möglich. Also wird Süßkram selbst gemacht«, sagt Mama, als ich die Nüsse misstrauisch anschaue.

Nach dem Essen bringt Eli mir ein Handtuch. In Zeichensprache macht sie mir verständlich, dass ich duschen kann. Das will ich aber gar nicht. Es lohnt sich sowieso nicht, weil es selbst in der Nacht so heiß ist, dass alles an mir klebt. Und ich muss danach dieselbe Reithose anziehen wie schon seit einer Woche.

»Muss ich duschen?«, frage ich Mama.

»Nö, aber schlecht wär's nicht. Ich glaube nämlich, du bist nicht braun geworden, sondern ein Dreckspatz.«

Eli ist schon ganz verzweifelt, weil ich immer noch nicht im Bad verschwunden bin.

»Das Wasser wurde extra für euch von der Quelle hergebracht und gewärmt«, sagt Kristina. »Für die Menschen hier ist eine Dusche ein absoluter Luxus. Deshalb versteht Eli nicht, warum du die Gelegenheit nicht nutzen willst.«

Erst sind die Pferde dran, dann wir

Die Männer bringen Wasser

Die Ziegen wissen schon, was jetzt gleich passiert

Pandi melkt jeden Tag zweimal alle Ziegen und bekommt für die Milch im ganzen Monat dreißig Euro

Ich dusche also doch. Eigentlich ist es eher eine Katzenwäsche. Aber Eli freut sich, und ich rieche endlich nicht mehr nach Pferdemist. Als ich gerade fertig bin, kommt Polis und Irsas Vater Pandi mit der Ziegenherde aus den Bergen zurück.

»Was hat er in den Bergen gemacht?«, will Mio wissen.

»Hier haben die Menschen keine Weiden für ihre Tiere. Die Ziegen und Esel müssen sich selbst Futter in den Bergen suchen«, erklärt Kristina. »Und jetzt ist es Zeit zum Melken.«

Das wollen wir alle sehen. Zusammen mit Poli und Irsa flitzen wir rüber. Pandi sieht supernett aus. Er deutet auf einen kleinen Schemel. Ich soll mich setzen. Dann holt er eine Ziege und zeigt mir, wie man sie melkt. Als ich einmal den Trick raushabe, geht es ganz leicht: ziehen und drücken gleichzeitig.

Dann ist Mama dran. Keinen Tropfen gibt die Ziege her, und alle lachen, weil Mama sich umsonst abmüht und die Ziege genervt meckert. Selbst Frieda bekommt das besser hin. Pandi gibt Mama noch eine Chance und fängt eine zweite Ziege ein. Mama zieht und drückt – aber der Eimer bleibt leer. Dann ist Pandi dran. Wie eine Maschine zapft er in Blitzgeschwindigkeit die Euter an und füllt Eimer für Eimer. Nach einer halben Stunde ist die ganze Herde gemolken.

Zu Hause trinke ich keine Milch und esse keinen Käse. Weil ich nicht mag, wie die Tiere bei uns gehalten werden. Pandis Ziegenmilch trinke ich. Und ich esse auch den Käse, den seine Frau Etleva gemacht hat.

»Wenn ich erwachsen bin, kaufe ich mir auch eine Ziegenherde!«, beschließe ich. »Melken kann ich ja schon.«

»Ja, Pauli. Und ich ziehe dann zu dir!«, sagt Frieda. »Versprochen!«

Buffi läuft mit wie ein Hund. Ich verrate meinen Geschwistern nicht, dass er bald im Kochtopf landet.

Ich weiß gar nicht, was daran schwer sein soll. Vielleicht kaufen wir zu Hause ein paar Ziegen?

Keinen Tropfen kann Mama melken

Bunte Ufer

Was in die Vjosa fliegt, bleibt in der Böschung hängen oder landet im Meer

Hier sieht's ja aus wie auf der Müllhalde!« In der Uferböschung hängen Unmengen an Plastikfetzen. Schuhe schwimmen im Fluss, ein Kunststoffkanister treibt vorbei. Die Vjosa habe ich mir anders vorgestellt. Hannah, Mio, Frieda, Sophia und ich pfeffern unsere Reitklamotten in die Zelte, die wir am Ufer aufgebaut haben. Der Boden brennt wie glühende Kohlen an meinen Fußsohlen.

»Wer zuerst im Wasser ist!«, jubelt Mio und rennt los. Er ist der Erste, der am Wasser ankommt. Aber ohne uns reinspringen? Niemals! Typisch kleiner Bruder: große Klappe und den Rückwärtsgang einlegen, wenn es drauf ankommt.

»Der Fluss sieht so schnell aus. Können wir da drin überhaupt schwimmen?«, fragt Hannah.

Frieda wartet nicht ab. Gerade als Mama kommt, um die Strömung abzuschätzen, springt sie einfach ins Wasser. Und Aurel hinterher, samt Klamotten, Hut und Schuhen. Die beiden treiben ziemlich schnell flussabwärts und verschwinden hinter einer Kurve. Wir verfolgen sie am Ufer. Frieda machte ein paar kräftige Schwimmzüge zur Seite und schafft es an Land. Genauer gesagt, landet sie mitten in knietiefem Matsch. Als Dank für seinen Rettungsversuch wird Aurel von ihr mit einer Ladung brauner Pampe abgeklatscht. Aurel zögert nicht und wirft eine Handvoll zurück.

Aurel macht jeden Quatsch mit

»Spinnst du, Friedi? Du kannst doch nicht einfach ins Wasser hüpfen. Das ist doch voll gefährlich!«, schimpfe ich mit ihr. Aber Frieda ist der sturste Dickkopf unserer Familie. Mama sagt immer, dass sie ganz sicher zwei Hörner hat. Wir sehen sie nur nicht.

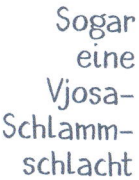

Sogar eine Vjosa-Schlamm-schlacht

»Ich reite auf einem Pferd durch die Berge und galoppiere sogar, da kann ich doch wohl mal ein bisschen schwimmen gehen«, meint sie.

»Pff, verrückte Nudel!« Mama schüttelt den Kopf. »Ab jetzt gehen wir nur noch zusammen in den Fluss.«

»Okay, dann komm.« Frieda macht von einem Felsen am Ufer einen Bauchplatscher in die Vjosa, und Mama springt hinterher. Es bleibt ihr ja nichts anderes übrig.

Wir spielen den ganzen Nachmittag Schwanenfamilie: Einer nach dem anderen springt in den Fluss, dann treiben wir hintereinander flussabwärts, bis eine gute Ausstiegsstelle kommt. Eine mit möglichst viel Matsch, in dem wir uns wälzen, bis er uns zwischen den Zehen und in den Haaren klebt.

Zwischendurch bauen wir ein schattiges Lager am Ufer auf und essen Melone.

»Und jetzt sind die Pferde dran!«, sagt Aurel.

»Die fressen Melone?«, frage ich erstaunt.

»Das würden die glatt machen. Aber ich meinte eigentlich, mit einer Abkühlung.«

Ich kapiere es erst, als Aurel mit drei Pferden ans Ufer kommt. Die Pferde sind ganz schön misstrauisch, aber dann steigt Aurels Pferd Professor ins Wasser und lässt sich zusammen mit Aurel treiben. Sophia übernimmt Xhengo, und Kristina kommt mit Kaon hinterher.

Unsere Pferde trinken an der Vjosa – andere Wasserquellen gibt's nicht

Plötzlich hören wir wütende Männerstimmen. Genau von dort, wo die Pferde an Land gehen. Kristina und Aurel stehen acht Männern gegenüber, die auf die Pferde zeigen. Einer der Männer pfeffert seine leere Coladose vor unseren Augen in die Vjosa. Ein anderer eine Keksverpackung.

»Was ist denn hier los?«, eilt Mama zu Hilfe.

»Sie beschweren sich, dass unsere Pferde den Fluss verdrecken.«

»Aber die haben doch gerade selbst ihren Müll ins Wasser geworfen«, sage ich ungläubig.

Kristina lacht und übersetzt den Männern, was ich gesagt habe.

Der Dosenwerfer guckt überrascht. »Das ist doch kein Dreck. Das ist nur ein bisschen Plastik und Metall!«

Daran hält sich fast niemand

Müll-Gangster

In Albanien gibt es keine Müllverbrennungsanlagen, sondern nur Abfallkippen. Zwar funktioniert die Müllabfuhr in albanischen Städten gut, aber der Abfall wird dann außerhalb der Städte gestapelt. Zusätzlich zum eigenen Müll landet hier auch Abfall aus anderen Ländern, der illegal entsorgt wird. Es reicht, wenn ein paar bestechliche Beamte ein Auge zudrücken – schon kommen lastwagenweise Abfälle über die Grenze. Manchmal wird deren Ladung auch direkt in den Fluss gekippt. Es gibt richtige Müll-Gangster, die mit dem Abfall anderer Menschen ordentlich Kohle scheffeln – auf Kosten unserer Lebensgrundlagen.

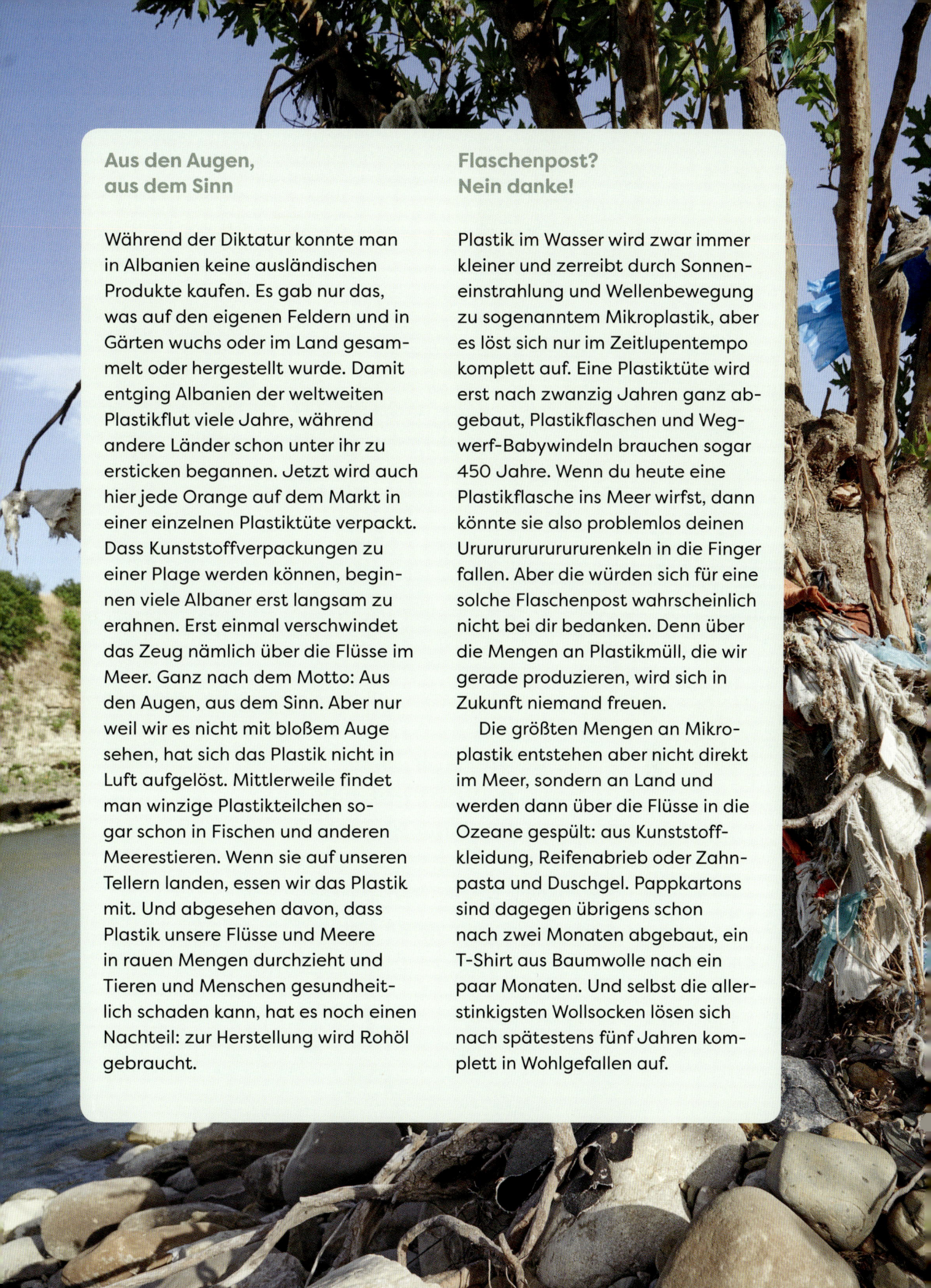

Aus den Augen, aus dem Sinn

Während der Diktatur konnte man in Albanien keine ausländischen Produkte kaufen. Es gab nur das, was auf den eigenen Feldern und in Gärten wuchs oder im Land gesammelt oder hergestellt wurde. Damit entging Albanien der weltweiten Plastikflut viele Jahre, während andere Länder schon unter ihr zu ersticken begannen. Jetzt wird auch hier jede Orange auf dem Markt in einer einzelnen Plastiktüte verpackt. Dass Kunststoffverpackungen zu einer Plage werden können, beginnen viele Albaner erst langsam zu erahnen. Erst einmal verschwindet das Zeug nämlich über die Flüsse im Meer. Ganz nach dem Motto: Aus den Augen, aus dem Sinn. Aber nur weil wir es nicht mit bloßem Auge sehen, hat sich das Plastik nicht in Luft aufgelöst. Mittlerweile findet man winzige Plastikteilchen sogar schon in Fischen und anderen Meerestieren. Wenn sie auf unseren Tellern landen, essen wir das Plastik mit. Und abgesehen davon, dass Plastik unsere Flüsse und Meere in rauen Mengen durchzieht und Tieren und Menschen gesundheitlich schaden kann, hat es noch einen Nachteil: zur Herstellung wird Rohöl gebraucht.

Flaschenpost? Nein danke!

Plastik im Wasser wird zwar immer kleiner und zerreibt durch Sonneneinstrahlung und Wellenbewegung zu sogenanntem Mikroplastik, aber es löst sich nur im Zeitlupentempo komplett auf. Eine Plastiktüte wird erst nach zwanzig Jahren ganz abgebaut, Plastikflaschen und Wegwerf-Babywindeln brauchen sogar 450 Jahre. Wenn du heute eine Plastikflasche ins Meer wirfst, dann könnte sie also problemlos deinen Urururururururenkeln in die Finger fallen. Aber die würden sich für eine solche Flaschenpost wahrscheinlich nicht bei dir bedanken. Denn über die Mengen an Plastikmüll, die wir gerade produzieren, wird sich in Zukunft niemand freuen.

Die größten Mengen an Mikroplastik entstehen aber nicht direkt im Meer, sondern an Land und werden dann über die Flüsse in die Ozeane gespült: aus Kunststoffkleidung, Reifenabrieb oder Zahnpasta und Duschgel. Pappkartons sind dagegen übrigens schon nach zwei Monaten abgebaut, ein T-Shirt aus Baumwolle nach ein paar Monaten. Und selbst die allerstinkigsten Wollsocken lösen sich nach spätestens fünf Jahren komplett in Wohlgefallen auf.

Vor der allerschwierigsten Etappe
zünden Hannah und Sophia in einer
Bergkirche Kerzen an ...

... und werden zu einem
Gottesdienst eingeladen

Nee, kein Freibad für Hühner!
Die haben voll den Eiertanz veranstaltet,
bloß weil ein paar Hennen schwimmen
wollten. Wir haben stattdessen ein Loch in
den Gartenschlauch gepickt. Jetzt regnet es.
Extra für uns, den ganzen Tag!

Wilder Westen

Schon um sieben Uhr morgens ist es 43 Grad heiß

Seit zwei Stunden laufen wir neben unseren Pferden her. Bergauf. Ajer ist völlig verschwitzt, und ich bespritze abwechselnd ihn und mich mit Wasser. Und ich trinke. Pausenlos. Es ist so heiß, dass wir unsere Pferde nicht reiten können. Außerdem sind wir kurz vor dem Pass und damit an der Stelle, vor der Aurel uns schon am Morgen gewarnt hat. Wir müssen über schräg abfallende Felsen laufen, die rutschig sind wie eine Holztreppe mit Spüli drauf. Aber einen anderen Weg zum Pass gibt es nicht.

»Abstand halten und langsam laufen. Die Pferde können das«, versichert Aurel uns. Aber Sophia und ich sind uns da nicht so sicher.

In den Bergen sammeln
Männer Tee zum Verkauf

Ich laufe direkt hinter ihrem Pferd Xhengo, das wie ein Seiltänzer einen Huf vor den anderen setzt. Bis plötzlich sein Hinterbein abrutscht. Xhengo verliert das Gleichgewicht und gerät mit allen Hufen ins Schlingern. Direkt vor meinen Augen! Alles geht superschnell, wie in einem Film. Je verzweifelter Xhengo versucht, sich zu halten, desto weiter schlittert er den Abhang runter, überschlägt sich, schlittert weiter und überschlägt sich wieder. In einer Felsspalte bleibt er mit den Zügeln hängen. Zum Glück, denn jetzt versucht er erst gar nicht mehr aufzustehen.

»Nicht schreien!«, bittet uns Aurel. »Xhengo darf jetzt nicht in Panik geraten.« Sophia fließen lautlos Tränen übers Gesicht.

»Mach dir keine Sorgen. Xhengo ist ein Bergpferd! Der kommt gleich wieder zu uns.« Ich lege meinen Arm um Sophia.

Aurel rennt und rutscht abwechselnd den Abhang hinunter, bis er bei Sophias Pferd ankommt. Bevor er Xhengo anfasst, redet er beruhigend auf den Wallach ein. Dann schneidet er die eingeklemmten Zügel ab und wartet, bis Xhengo sich aufgerappelt hat. Aber die schwierigste Aufgabe steht den beiden noch bevor. Egal, wie schwer Xhengo sich verletzt hat: Er muss am Hang entlanglaufen, bis er einen sicheren Weg nach oben findet. Die beiden verschwinden hinter einem Gebüsch – und tauchen ein paar Minuten später direkt vor uns wieder auf. Sophia stürmt zu ihrem Pferd und schluchzt so laut, dass Aurel sie noch einmal ermahnt. Aber Sophia merkt sowieso ganz schnell, dass sie eher Grund hat, vor Freude zu jubeln. Xhengo lebt noch, und er hat keine schweren Verletzungen, nur ein paar Schnitte.

Bis zum Pass brauchen wir nur noch wenige Minuten. Hier wächst Gras, auf das die Pferde sich sofort stürzen. Auch Xhengo, der sein Abenteuer anscheinend schon

vergessen hat. Sophia und ich legen uns ins Gras und lachen und weinen abwechselnd vor Erleichterung. Und dann futtern wir, was das Zeug hält. Wir essen alles auf, was Kristina am Morgen in unseren Packtaschen verstaut hat.

»Ich bin jetzt eure albanische Schwester!«, sagt Sophia zu mir. Wow! Ich fühle mich ein bisschen wie im Wilden Westen: Pferde, ein echt krasses Abenteuer und eine neue Schwester, die ich bestimmt ganz bald wieder besuchen werde.

Nach Xhengos Sturz werden abends alle Pferde vom Tierarzt kontrolliert

Die Pferde grasen,
als ob nichts passiert wäre

Zurück zu Hause –
JETZT STEHT MEIN LEBEN KOPF

Nach allem, was wir unterwegs gesehen und erlebt haben, steht für mich fest: Ich werde Klimaschützerin! Vielleicht kann ich nicht alles, was ich mir so vorgenommen habe, gleich auf einen Schlag umsetzen. Aber wer sagt eigentlich, dass Kinder nicht ein paar richtig gute Ideen haben, wie die Welt anders und besser funktionieren könnte?

Vor unserer Haustür

Fjalla und Spöng, unsere Islandstuten, haben Hummeln im Hintern. Wie jeden Frühling. Sobald sie frisches Grün auf den Wiesen und in den Wäldern entdecken, veranstalten sie eine richtige Frühlingshüpferei. Die viele Energie können sie auch gut gebrauchen, weil sie jetzt einige Tage mit uns unterwegs sind. Wir wandern durch den Odenwald vor unserer eigenen Haustür. Unser Gepäck ist auf dem Anhänger, der schon in Grönland, über die Alpen und durch Südafrika mitgereist ist. Jeder ist mal dran. Mit Schieben und mit Reiten.

»Jetzt du!« Ich will Hannah den Anhänger übergeben, aber sie springt einfach zur Seite.

»Weißt du was, Pauli? Ich habe gar keine Muskeln. Guck mal meine Arme an. Damit *kann* man überhaupt keinen Anhänger schieben.«

Ich drücke Hannahs Oberarm. »Stimmt. Reiner Pudding. Damit kann man auch auf keinen Fall reiten. Das heißt, wir müssen die Pferde nicht zu viert, sondern nur zu dritt teilen. Schade für dich und Glück für uns, weil wir dann länger reiten dürfen!«

»Ach nee, so schlimm ist es dann doch nicht. Gib mal den Anhänger.« Wusste ich's doch – reiten lässt sich keiner in unserer Familie entgehen. Auch Pudding-Hannah nicht.

Gleich nach der Schule sind wir losgelaufen. Aus dem Haus, den steilen Berg hoch, vorbei an der alten Linde, zum Stall unserer Ponys und dann in den Odenwald.

»Sagt mal – welche Reise hat euch eigentlich am besten gefallen?«, fragt Mama unterwegs.

»Albanien!«, jubelt Frieda, ohne zu zögern.

»Und warum?«, will Mama wissen.

»Weil die Menschen da genau wissen, wie man lieb zu Kindern ist.«

»Ich fand Grönland am schönsten«, sagt Hannah. »Wegen unserer Freundinnen dort, und wegen Robert Peroni.«

»Südafrika, wegen der Tiere!«, findet Mio.

»Und du, Pauli?«

Ich muss ein bisschen nachdenken. Es war ja überall toll und spannend. Wir haben neue Freunde in der Arktis und eine Blutsschwester in Albanien. Aber ob ihr es glaubt oder nicht: »Ich finde es hier am schönsten«, sage ich und weiß schon, was jetzt kommt.

»Hä, ernsthaft?«, fragt Mio.

»Ja, weil ich jetzt so viele Pläne habe, was ich alles machen will.«

»Was denn zum Beispiel?«, fragt Mama.

»Unser Leben auf den Kopf stellen natürlich!«

»Ich mache mit!«, verspricht Hannah sofort.

E+M+E

Das ist keine Rechenformel und auch kein geheimes Kürzel von Verliebten, sondern steht für **E**rnährung (was wir essen), **M**obilität (wie wir uns fortbewegen) und **E**nergie (woher unser Strom kommt und unsere Heizwärme). Das sind die drei großen Bereiche, in denen du dein Leben und das deiner Familie ein bisschen aufmischen kannst – mit kleinen Dingen im Alltag, in der Schule und in der Nachbarschaft.

In unserer Familie hat jeder sein eigenes **EME**lchen. Das ist mal größer und mal kleiner, mal ist es ein bisschen faul und mal megasuperoberehrgeizig und erfinderisch.

HALLO!

Paulas Emelchen

isst kein Fleisch und keine tierischen Produkte mehr. In seinem Dickkopf hat es einen Konsumfilter eingebaut. Der sorgt dafür, dass Paula immer erst einmal überlegt, ob sie etwas wirklich kaufen will oder ob sie es nicht schon zu Hause hat oder sich ausleihen kann.

Mama, meine beste Freundin Ela und ich demonstrieren in Bonn für Klimaschutz

Paula und ihr Emelchen sind Gärtner geworden, um schön viel Obst und Gemüse für die ganze Familie zu organisieren, ohne dass es extra über lange Strecken hergebracht werden muss. Und in einem sind Paula und ihr Emelchen sich absolut einig: Flugzeuge betreten sie nur noch im absoluten Notfall. Lieber machen sie es sich auf langen Zugfahrten gemeinsam gemütlich. Weil die beiden sich so prächtig verstehen, sind sie mittlerweile ein fast unschlagbares Team beim Diskutieren und gehen gerne auf Demonstrationen, um diejenigen Menschen, die wichtige Entscheidungen für die ganze Menschheit treffen, zu mehr Klimaschutz zu bewegen. Zum Beispiel dazu, endlich keine Kohle mehr abzubauen und als Energiequelle zu nutzen.

Wie du selbst zum Kartoffelhelden wirst

Ich liiiebe Kartoffeln! Einfach in der Pelle, als Auflauf, als Suppe – ganz egal, wie. Deshalb brauchen wir immer Kartoffeln im Haus. So viele wie möglich, weil die sich schließlich eine ganze Weile halten. Und am liebsten selbst angebaut, weil sie dann nicht lange transportiert wurden, ohne künstliche Verpackung sind und dazu nie mit Giften in Berührung kamen. Selbst in einem Hinterhof kannst du Kartoffeln anbauen, mit einem Kartoffelturm aus fünf alten Autoreifen. Davon stapelst du zwei aufeinander und füllst sie mit Kompost aus Küchenabfällen und gibst darüber eine dünne Schicht Erde und Gras oder Stroh. Wenn du keinen Garten hast, der Grasschnitt hergibt, frag in der Nachbarschaft nach. Wichtig: Das Gras sollte frei von Düngemitteln oder Unkrautvernichtern sein, denn die landen sonst auch in deinen Kartoffeln. Jetzt steckst du sechs Kartoffeln, die bereits kleine Keime

zeigen, in die Kompost-Erde-Gras-schicht. Denk dran: Die Keime müssen nach oben zeigen. Du kannst entweder extra Pflanzkartoffeln kaufen, oder du nimmst Bio-Kartoffeln, die ihr sowieso zu Hause habt, und wartest, bis sie Keime entwickeln. Eigentlich musst du dich nur entscheiden, was für Kartoffeln du ernten willst – es gibt nämlich über 2000 Sorten. Dann kommt der nächste Autoreifen drauf, wieder füllst du ihn und steckst sechs Kartoffeln rein, dann der vierte Reifen und dann der letzte. Im Herbst breitest du die Reifen aus und gehst in der Erde, die aus deinem Kompost entstanden ist, auf Schatzsuche. Weißt du, was ich mit den ersten Kartoffeln mache? Ich schäle eine ganze Schüssel, drücke sie durch die Pommes-Schneide und backe im Ofen selbst gemachte Pommes aus selbst gezogenen und frisch geernteten Kartoffeln. Leckerer geht's nicht.

Ich komme gerade vom Markt zurück, wo eine Tierschutzorganisation einen Film über industrielle Massentierhaltung gezeigt hat. Mein Entschluss steht fest: Kein Fleisch und keine tierischen Produkte mehr auf meinem Teller!

»Was soll ich denn dann ab jetzt kochen?«, will Mama wissen. Sie stellt sich ein bisschen quer. »Das ist so wahnsinnig kompliziert. Ich kann doch gar nicht vegan kochen.«

Und meine Oma ist besorgt, dass ich halb verhungert vom Stängel falle: »Kann man ohne Fleisch und Milchprodukte überhaupt gesund leben?«

Aber dann koche ich an Weihnachten ein veganes Menü, mit fünf Gängen! Und zum Nachtisch die beste Mousse au Chocolat (oder Maus in Schoko, wie Hannah immer sagt), die wir jemals gegessen haben. Das schmeckt sogar meinem Opa, der eigentlich so gut wie nur Fleisch isst.

»Ja, daran könnte ich mich schon gewöhnen!«, sagt Oma. Zum Glück sind meine Omas und Opas und der Rest der Familie bereit, alle möglichen veganen Gerichte zu probieren. Wie gut, dass sie ihnen meistens auch richtig schmecken. Denn Mama, Papa und ich haben den Dreh jetzt raus!

Erntezeit!
Und nächstes Jahr
kommen mal ganz
andere Sorten dran.

Klimaschutz auf dem Teller?

Um tierische Produkte zu erzeugen, werden große Flächen Land gebraucht, vor allem zur Herstellung von Futter. Im Regenwald werden jedes Jahr gigantische Waldflächen gerodet. Fast neunzig Prozent der Anbauflächen auf der Erde nutzen wir als Weideland oder um Viehfutter anzubauen. Dabei könnten viel mehr Menschen satt werden, wenn wir auf rein pflanzliche Nahrung umsteigen würden – oder zumindest seltener Fleisch auf dem Teller landete. Bei der Herstellung von Fleisch und tierischen Produkten entstehen übrigens eine Menge Treibhausgase, die für den Klimawandel verantwortlich sind. Ein Kilo Rindfleisch verursacht bis zu 28 Kilo Treibhausgas. Ein Kilo Obst oder Gemüse noch nicht einmal ein einziges Kilo.

Eigenes Gemüse und Obst anzubauen macht richtig Spaß. Zusammen mit anderen Familien haben wir dafür um die Ecke ein Grundstück gepachtet. Ohne chemische Dünger und Unkrautvernichter wachsen hier Kürbisse und Zucchini, Mais, Bohnen, Tomaten, Blumenkohl, Mangold, Rote Bete, Kartoffeln, Zwiebeln, Karotten und noch mehr.

Aus Erdbeeren, Johannisbeeren und Kirschen koche ich mit meinen Geschwistern Marmelade. Und im Herbst sammeln wir Äpfel und Nüsse, die wir im Keller lagern.

Vom Baum in den Mund

Erdbeeren und Tomaten wachsen bei uns nicht im Winter. Trotzdem liegen sie auch im Januar in deutschen Supermarktregalen. Wie geht das? Sie werden vom anderen Ende der Welt zu uns gebracht, weil dort dann Sommer ist. Klingt eigentlich schlau. Mittlerweile ist es für uns ganz selbstverständlich, das ganze Jahr über jedes Obst und Gemüse kaufen zu können, auf das wir gerade Appetit haben. Das hinterlässt aber Spuren in der Umwelt. Beim Transport werden große Mengen Treibhausgase ausgestoßen, denn Flugzeuge, Lastwagen und Güterschiffe benötigen Treibstoff. Je länger die Strecke, desto höher der Treibstoffverbrauch. Doch das lässt sich ändern: mit Nahrungsmitteln, die in deiner Region gewachsen sind (regional) und auch noch zu der Zeit, in der du sie isst (saisonal).
Du kannst Obst und Gemüse aber auch dann kaufen oder sammeln, wenn es gerade bei dir in der Gegend wächst, um es für den kommenden Winter haltbar zu machen: durch Einkochen, Trocknen oder Lagern. Bauanleitungen für Solartrockner findest du im Internet, du kannst ihn zusammen mit deinen Eltern und Freunden selbst bauen.

»Die ist ja megaschön!« Mama hat eine Tasche im Schaufenster entdeckt.

»Du hast doch schon eine Handtasche«, sagt Hannah.

»Aber die ist doch mit der hier nicht zu vergleichen!«

»Im Tauschhaus hängt eine, die fast genauso aussieht!« Ich ziehe Mama weiter.

»Spielverderber!«, schimpft sie. Und fragt dann: »Hast du da wirklich so eine Tasche gesehen?«

In unserem Dorf gibt es mittlerweile ein Tauschhäuschen. Da kann jeder Sachen hinbringen, die zwar noch toll sind und funktionieren, die man aber nicht mehr braucht und kostenlos weitergibt.

»Lauft ihr schon mal nach Hause«, sagt Mama, als wir aus der Bahn aussteigen. »Ich habe noch was zu erledigen.«

Dreimal dürft ihr raten, was.

Leihen, tauschen, teilen

Nicht alles muss man selbst besitzen. Manche Sachen lassen sich auch gut teilen oder ausleihen. Zum Beispiel eine Nähmaschine, die man nur einmal im Monat nutzen möchte. Oder ein Spiel, auf das du gerade mal Lust hast. Solche Dinge kann man gut unter Freunden und Nachbarn teilen. Entweder, indem man sie gemeinsam kauft und jeder zahlt seinen Teil. Oder weil jemand sowieso schon etwas besitzt, das er nur manchmal benutzt. Wenn du also das nächste Mal über den Kauf eines Gegenstandes nachdenkst, überlege einfach, ob du ihn dir auch leihen oder mit anderen teilen könntest. Meistens funktioniert das ziemlich gut. Du kannst auch einen Tausch vorschlagen. Einen Pullover, der dir nicht mehr an dir gefällt, gegen eine Jeansjacke, aus der deine beste Freundin oder dein bester Freund rausgewachsen ist. Bei Tauschpartys kannst du dich mit ein bisschen Glück von Kopf bis Fuß neu einkleiden, ohne einen Cent dafür auszugeben und Umwelt und Klima zu belasten.

Mios Emelchen

isst ab und zu Fleisch, weil es einfach zu lecker ist. Aber nur noch ganz selten. Es probiert gerne neue Sachen aus und testet sie am liebsten an anderen: selbst gemachte Schokocreme, eigene Marmeladen-Erfindungen (schon mal von Marmelade aus grünen Tomaten gehört?) oder Shampoo aus Roggenmehl. Und es ermutigt Mio, andere Leute zu löchern. Den beiden fallen immer wieder Fragen ein, weil sie genau wissen wollen, wie etwas funktioniert oder warum manche Sachen schieflaufen und was man daran ändern kann. Weil Mios Emelchen Müll zum Beispiel richtig blöd findet, hat Mio eine *MAG* gegründet. Eine Müll-Aufsammel-Gesellschaft. Ihre Mit-

glieder sammeln Müll im Dorf, auf Spielplätzen, Wiesen und im Wald und bringen ihn dorthin, wo er hingehört: in die Tonne. Mio und sein Emelchen wollen aber, dass gar kein Müll mehr entsteht. Weil beide Meerestiere lieben und Mio sogar Tierforscher werden will. Seit Mio und sein Emelchen das Imkern lernen, bringen sie übrigens auch frischen Honig mit nach Hause. Lecker!

Mio besänftigt die Bienen mit Rauch und schaut nach, ob sie noch genug Nahrung haben.

»Mama, ich brauche mal die Adresse vom Bürgermeister«, sagt Mio und kramt Stift und Briefumschlag aus der Schublade.

»Von *wem*?« Mama glaubt wohl, sie hat sich verhört.

»Oder wer ist der Chef in unserem Ort? Ich will ihm einen Brief schreiben. Weil ich eine Idee habe.«

»Darf ich fragen, welche?« Jetzt ist Mama neugierig.

»Er soll jedem, der kein Plastik mehr kauft, eine Belohnung schenken.«

»Wow, coole Idee!«, sagt Mama.

»Wir könnten ja auch in Geschäfte gehen und die Besitzer fragen, ob sie nur noch Obst und Gemüse und Lebensmittel *ohne* Verpackung verkaufen könnten. Weil wir keinen Müll mehr wollen«, überlege ich.

Mios famoser Kakao-Haselnuss-Aufstrich

(auf der Basis eines Rezeptes von Ella Woodward)

Du brauchst:

- 375 g Haselnüsse (gibt's in Unverpackt-Läden ganz ohne Verpackungen oder direkt vom Strauch)
- 150 ml Ahornsirup oder Agavendicksaft (gibt's auch in Unverpackt-Läden)
- 3 EL Kakao
- gemahlene Vanille
- 150 ml Wasser
- eine starke Küchenmaschine, die Nüsse zermahlen kann
- ein Glas mit Schraubdeckel, gut ausgewaschen

Die Haselnüsse bei 200 Grad (180 Grad Umluft) 10 Minuten im Ofen backen und dann abkühlen lassen.

Die kalten Haselnüsse in eine Küchenmaschine geben und so lange zerkleinern, bis ein körniges Mus entsteht. (Das schafft nicht jede Küchenmaschine. Wenn ihr zu Hause keine Maschine habt, die Nüsse zu Mus mahlen kann, dann frag in der Nachbarschaft nach. Mittlerweile haben sehr viele Haushalte starke Küchenmaschinen, und die meiste Zeit stehen sie ungenutzt in der Ecke.) Dann Ahornsirup oder Agavendicksaft, Kakao und etwas gemahlene Vanille dazugeben und weitermixen. Wenn alles richtig gut vermengt ist, zum Schluss noch das Wasser unterrühren. Wenn du nicht gleich den ganzen Aufstrich auf einmal verputzt, fülle ihn in ein Glas mit Schraubdeckel und stelle ihn in den Kühlschrank. Dort bleibt er auf jeden Fall eine Woche haltbar.

Wer wagt, gewinnt!

Viele Menschen haben das Gefühl, viel zu klein und unwichtig zu sein, um wirklich etwas verändern zu können. Aber Beispiele wie Felix Finkbeiner, die junge Kinderrechtsaktivistin Malala oder auch Boyan Slat zeigen, dass jeder klein anfängt. Boyan hat schon als Kind davon geträumt, Meere vom Plastikmüll zu befreien. Und ratet mal, was er heute macht? Er entwickelt Technologien, um Plastik aus den Weltmeeren zu filtern. Man muss sich nur trauen! In Deutschland können wir zum Glück unsere Meinung sagen und Wünsche äußern. Auch jedes Kind. Wenn du eine Idee hast, wie du zum Schutz von Klima und Umwelt beitragen kannst, dann sprich mit Politikern in deiner Region und bitte sie um Unterstützung. Zum Beispiel, wenn dringend ein Fahrradweg gebraucht wird. Oder wenn du herausfinden willst, wie deine Stadt müllfrei werden kann. Vielleicht fallen dir noch ganz andere Wünsche ein?

Friedas Emelchen

In Unverpackt-Läden gibt es alles ohne Verpackungen. Frieda bringt zum Abfüllen eigene Gefäße mit.

hat einen grünen Daumen. Was es gemeinsam mit Frieda pflanzt, das wächst gut. Die beiden haben außerdem einen kleinen Wettkampf begonnen: Wer am Ende des Monats am wenigsten Müll hinterlässt, hat gewonnen. Beide lieben Tiere heiß und innig. Deshalb essen sie vegetarisch. Weil Frieda aber auch ein Gemüsemuffel ist, muss ihr Emelchen ihr das Grünzeug auf dem Teller manchmal extra schmackhaft machen. Oder die beiden erfinden Obst- und Gemüse-Smoothies, in denen alles landet, was gerade da ist. Sie wissen übrigens ziemlich genau, was sie wollen – oder, besser gesagt, nicht wollen. In ihrer Wunschwelt gibt es viel weniger Autos und Flugzeuge, nur noch ganz wenig Müll, Menschen essen keine Tiere mehr, und Schokolade ist so gesund wie Obst und Gemüse zusammen. »Das geht doch nicht« lassen die beiden sich nicht sagen. Geht nicht gibt's für Frieda und ihr Emelchen nicht. Von Erwachsenen lassen sie sich nicht einfach sagen, was sie machen sollen, sondern überlegen sich erst einmal, was davon eigentlich sinnvoll ist.

Verpackungsfrei

In vielen deutschen Städten gibt es sie schon: Unverpackt-Läden. Dort werden Lebensmittel in Bio-Qualität ohne Verpackung verkauft. Man bringt eigene Gefäße wie alte Joghurtgläser oder leere Ölflaschen mit und füllt sich ab, was man benötigt. Statt Shampoo in Plastikflaschen gibt es hier Shampooseife. Milchprodukte werden in Pfandbehältern verkauft. Sogar Süßigkeiten gibt es hier ganz ohne Verpackung.

Frie-Deo

Frieda findet Parfum und Deo super. So super, dass sie ständig meins verschludert. Deshalb hat sie von Mama absolutes Deo-Verbot bekommen. Aber Frieda wäre nicht Frieda, wenn sie sich damit einfach abfinden würde. Deo-Verbot? Frechheit! Sie hat sich eine leere Deo-Sprühflasche genommen und Deo nach Rezept von smarticular selbst gemacht. Das stibitze ich jetzt, wenn meins leer ist.

Um Deo einfach selbst zu machen brauchst du:

90 ml Wasser, 1 TL Natronpulver (gibt's unverpackt in Supermärkten und in Drogerien), 5–10 Tropfen ätherisches Öl (in allen möglichen Duftnoten in Apotheken oder Drogerien erhältlich – wir verfeinern damit auch unser selbst gemachtes Waschmittel).

Koche das Wasser, löse das Natronpulver darin auf, gib das Öl in die Flüssigkeit und fülle alles in dein Sprühfläschchen. Gut schütteln – fertig. Übrigens: Natron wirkt desinfizierend und neutralisiert Säure, deshalb wirkt es im Deo richtig gut.

Mach's doch selbst!

Ganz viele Produkte, die wir verpackt jeden Tag nutzen, kann man auch selber herstellen. Seifen, Spülmittel, Waschmittel, Zahncreme, Kleber oder Leckeres wie Brotaufstriche. Das Internet ist voll von Rezepten, die du mit deiner Familie, in der Schule oder mit Freunden ausprobieren kannst.

Hannahs Emelchen

ist ein Obst-Freak. Manchmal futtert es aber auch ein Würstchen und ruft dann laut: »Ich bin eigentlich Vegetarier. Nur heute von 13 bis 14 Uhr nicht!« Es liebt schöne Kleidung und macht vor Freude Handstand, wenn Hannahs Freundin Emily mit einer Tüte voller Klamotten kommt, die ihr nicht mehr passen. Hannah und ihr Emelchen sind ziemlich gemütlich. Wenn möglich, fahren sie nicht Fahrrad, sondern Straßenbahn. Oder sie lassen sich im Lastenrad zum Ziel bringen. Es ist so herrlich, wenn einem der Fahrtwind um die Nase kitzelt, ohne dass man selbst in die Pedale treten muss! Eins muss man Hannah und ihrem Emelchen lassen: Sie sind keine Frostbeulen. Im Winter stellen sie keine Heizung an. Lieber ziehen sie einen dicken Pulli und zur Not noch Wollsocken über. Oder kuscheln sich zum Lesen unter die Wolldecke.

In den Kleiderschrank statt in die Tonne: Hannah macht aus zwei alten Teilen ein neues.

Hannah-Style

Aus Kleidungsstücken, die nicht mehr passen oder die an manchen Stellen schon kaputtgehen, lässt sich super ein neues Lieblingsteil für den Kleiderschrank machen. Zum Beispiel aus einem Pulli mit Fleck und einer alten Bluse. Hannah schneidet Rüschen aus Mamas alter Bluse mit coolem Muster und näht sie genau dort auf den Pulli, wo der blöde Kirschfleck sich nicht mehr entfernen lässt. Das sieht aus wie ein völlig neues Oberteil und ist ein Einzelstück, mit dem Hannah ziemlich für Wirbel sorgt.

Im Strandkleid um den Weihnachtsbaum?

Das sieht nicht nur seltsam aus, sondern ist auch ein echtes Problem. Zumindest dort, wo an Weihnachten Winter ist, also beispielsweise in Deutschland. Viele Menschen heizen ihre Häuser so stark, dass sie dann vor lauter Schwitzen in Sommerkleidung das Weihnachtsmenü kochen müssen. Insgesamt fließen vierzig Prozent des weltweiten Energieverbrauchs in die Herstellung von Wärme. Du kannst den kleinen, aber feinen Unterschied machen: indem du die Raumtemperatur nur ein paar Grad senkst und zur Not etwas Wärmendes überziehst. Jedes Grad weniger Raumtemperatur senkt den Ausstoß von Kohlendioxid. Und deine Eltern zahlen weniger Heizkosten. Davon könntet ihr gemeinsam ins Kino gehen. Oder zum Pizzaessen. Es müssen ja nicht unbedingt die Alpen dazwischenliegen.

Janas Emelchen

ist kein Supersportler. Trotzdem steht es mittlerweile total auf Rad-
fahren. Ja, zugegeben: mit ein bisschen Unterstützung, einem Elektro-
antrieb fürs Fahrrad. Seit im Hof das Elektro-Lastenrad steht, setzen
sich Jana und ihr Emelchen nicht mehr freiwillig ins Auto und auch in kein
Flugzeug mehr. Nur wenn's gar nicht anders geht. Was die Ernährung betrifft,
sind sie in der Familie Rekordhalter: Seit 35 Jahren leben sie ohne Fleisch. Und
dank Paulas Emelchen versuchen sie mal, wie es sich vegan leben lässt. Weil
beide außerdem schon immer am liebsten in Grönland leben würden, stört es
sie nicht im Geringsten, wenn es im Winter nicht so warm im Haus ist wie bei
anderen Familien. So können sie wenigstens ihre heiß geliebten Islandpullis im
Partnerlook tragen.

Mama und Hannah reparieren
unseren Baumpalast aus Bauresten!

Janas Traum im Baum

Ein Baumhaus muss nichts kosten und kann
aus lauter alten Baumaterialien gebaut werden.
Wir haben dazu einen alten Holzbalkon, Fenster
vom Schrott und Plexiglas vom Sperrmüll genutzt und daraus ein echtes Traumhaus im Baum
gebaut, in dem wir oft essen und in dem wir sogar übernachten. Das Baumhaus ist mittlerweile
Mamas Lieblingsarbeitsplatz zum Schreiben.

»Das war's. Jetzt ist der Opel endgültig hinüber!« Papa legt den Schlüssel auf den Tisch.

»Den beerdigen wir im Garten, oder?«, fragt Hannah.

»Sehr witzig. Das wäre ja ein Riesenloch.«

»Ich meine doch nicht den Opel, sondern den Schlüssel!«, erklärt Hannah.

»Genau. Und dann bekommt das Grab einen Stein. Auf dem steht: *Tschüs, lieber Popel-Opel. Fahr zur Hölle!*«, ruft Frieda.

»Och, Friedi, du bist ja gemein!«, sage ich.

»Wieso? Der Opel hat *uns* doch verlassen, nicht wir *ihn*.«

»Und womit fahren wir jetzt, wenn der Opel zur Hölle fährt?«, fragt Mio.

»Bahn, Bus, Fahrrad und Lastenrad«, zählt Papa auf.

»Und wenn wir bei strömendem Regen irgend wohin müssen, wo kein Bus fährt?«, bohrt Mio weiter.

»Hmm, dann leihen wir halt ein Auto. Man kann doch alles teilen, auch Autos.«

Mama will jetzt nur noch Lastenrad fahren

Heute im Angebot: Ein zwanzigstel Auto

Immer mehr Autos fahren auf deutschen Straßen herum. Oft ist nur ein einziger Platz besetzt, nämlich der des Fahrers. Abgesehen davon, dass Autos Kohlendioxid und andere Schadstoffe ausstoßen und damit zum Klimawandel beitragen, sind sie laut und brauchen sogar dann Platz, wenn wir sie gar nicht nutzen. So viele Autos muss es aber in Zukunft nicht mehr geben, weil sich sogar wildfremde Menschen prima ein Auto teilen können. Mittlerweile gibt es Firmen, die *Carsharing*, also das Teilen eines Autos, anbieten. Wer mitmachen möchte, meldet sich an und reserviert das Auto für die Zeit, in der es gebraucht wird. Ein Carsharing-Auto ersetzt bis zu zwanzig private Autos. Was auf den damit freien 19 Parkplätzen alles entstehen könnte ...

Raus damit!

Wer sagt eigentlich, dass Bus- und Bahnfahren Geld kosten muss? Es wäre möglich, kostenlose Bus- und Bahnfahrten für jeden Menschen in Deutschland anzubieten. Die Entscheidung, was mit dem Geld passiert, das wir alle gemeinsam für die Gemeinschaft aufbringen, liegt nämlich bei uns. Und weil Politiker unsere Vertreter bei vielen großen Entscheidungen sind, müssen sie auch wissen, was uns wichtig ist. Also: Raus damit! Kinder dürfen zwar noch nicht wählen gehen, aber deshalb müssen sie ja noch lange nicht den Mund halten und ihre Meinung runterschlucken.

Jens' Emelchen

ist verdammt fleißig. Es holt mit Jens Holzreste aus dem Wald, damit im Winter keine Heizung laufen muss, fährt selbst bei Regen und Schnee Fahrrad und hat sich angewöhnt, nur noch das zu essen, was zu der jeweiligen Jahreszeit in der Umgebung gewachsen ist. Jens und sein Emelchen sind die Küchenkünstler in der Familie. Aus Wintergemüse wie Grünkohl entwickeln sie Rezepte, die selbst Gemüsemuffeln schmecken. Die

Papa und Frieda gehen mit dem Lastenrad unverpackt einkaufen in der Stadt.

beiden bekommen sich nur ganz selten in die Haare: Manchmal bringt Jens nämlich aus Versehen zu viel Plastikverpackung mit nach Hause, weil er vergessen hat, dass es das gleiche Produkt auch ohne Verpackung gibt oder sich der Inhalt einfach selbst machen lässt. Auf Fleisch verzichten Jens und sein Emelchen schon viele Jahre. Fisch essen die beiden aber manchmal ziemlich gerne, wenn sich eine gute Gelegenheit bietet. Und Käse. Je stinkiger, desto besser!

Jens heizt ein

Auch wenn wir nicht im Bikini um den Weihnachtsbaum tanzen wollen, müssen wir von Herbst bis Frühling unser Haus ein bisschen heizen. Papa radelt dafür regelmäßig mit dem Lastenrad in den Wald, um unser Holzlager zu füllen. Und er hat so lange gesucht, bis er endlich gefunden hat, was er wollte: Gas, das aus Abfällen der Landwirtschaft gemacht wird. Damit können wir jetzt unser Blockheizkraftwerk betreiben, und das liefert uns Strom und Wärme.

»Bist du sicher?«

»Ja, ich schon, und du?«

Mama und ich haben eine Idee. Wir wollen noch ein bisschen mehr Strom sparen. Es gibt nämlich in unserem Haus einen Stromfresser, den wir eigentlich gar nicht so dringend brauchen. Den könnten wir genauso gut auch abschalten.

Ich ziehe den Stecker vom Gefrierschrank, und Mama und ich setzen uns auf die Bank vorm Haus und essen das letzte Eis, das noch übrig geblieben ist. Lupinen-Eis mit Schoko-Geschmack.

»Und jetzt?« Plötzlich dämmert mir, was wir beschlossen haben. »Kein Eis mehr?«

»Doch, natürlich. In Seeheim«, sagt Mama. »Aber nicht Seeheim in Namibia!«

»Natale-Eis ist eh das beste der Welt«, finde ich.

»Na also! Und die freuen sich, wenn wir ihr Eis kaufen, das sie selbst zu Hause gemacht haben, anstatt eine große Firma zu unterstützen«, sagt Mama.

»Versprochen?«

»Für das Geld, das wir jetzt sparen, weil wir weniger Strom bezahlen müssen, gehe ich im Sommer jeden Monat zweimal in Seeheim mit euch Eis essen. Hoch und heilig geschworen«, versichert Mama mir.

Wenn das so ist, fallen mir bestimmt noch ein paar Möglichkeiten ein, wie mein Emelchen zu Hause noch mopsiger werden kann!

Mio kommt aus dem Garten zurück. »Heute mache ich das Abendessen!«, ruft er uns im Vorbeigehen zu.

»Super. Und was gibt's?«, will Mama wissen.

»Für euch beide vegane Pfannkuchen.«

»Lecker! Und was isst der Rest der Familie?«, will ich wissen.

»Pfannkuchen nach Emma-Art. Ich habe gerade fünf Eier im Hühnerhaus gefunden.«

Emmas Supertipps

Ich habe zwar kein Emelchen, aber trotzdem den vollen Durchblick. Deshalb exklusiv nur für euch: Emmas ultimative Hühner-Weisheiten für Zukunfts-Klima-Helden!

* Auf einem Planeten mit begrenzten Ressourcen, die immer weniger werden, können wir nicht unendlich viel neu herstellen, verkaufen und kaufen. Unnützer Plunder, das zehnte T-Shirt und überquellende Schränke sind sowieso Schnee von gestern. Zukunftsmusik klingt so: *reduce, reuse, recycle* – **reduzieren, wiederverwenden, recyceln!**

* **Nicht einfach alles schlucken**, was Erwachsene so von sich geben. Denn erwachsene Politiker, Unternehmenschefs, Lehrer, Eltern und sogar Hühnerbesitzer treffen manchmal unsinnige Entscheidungen und vergessen dabei, dass sie damit unserem Planeten und damit eurer Zukunft richtig schaden.

* **Streiten macht Spaß**, solange man sich gegenseitig respektiert. Trau dich, mit anderen zu diskutieren. Besonders wenn ihr dabei nicht alle einer Meinung seid, können richtig gute Ideen entstehen.

* **Scheitern ist erlaubt!** Wer Angst davor hat, Fehler zu machen, kommt schwer vom Fleck. Ein Rezept für veganen Aufstrich kann beim ersten Mal genauso in die Hose gehen wie der Versuch, deine Eltern zu Klimaschützern zu machen. Versuch's noch mal, es wird klappen.

* **Geht nicht gibt's nicht!** Wenn Kinder und Jugendliche den meisten Erwachsenen der Welt etwas um Längen voraushaben,

dann das: Ihr könnt euch auch eine zukünftige Welt vorstellen, die ganz anders ist als unsere heutige. Erwachsene scheitern oft schon am ersten Wenn und Aber, das sich ihnen in den Weg stellt.

✱ Ganz alleine gegen die Vermüllung der Meere kämpfen? Als Einzelgänger überlegen, wie man Autos auf deutschen Straßen loswird oder Kunststoffverpackungen aus Supermarktregalen verbannt? Wer alleine gegen den Strom schwimmt, hat es schwer. **Deshalb ist es super, Projekte gemeinsam anzugehen.** Mit Freunden, mit eurer Familie oder mit Organisationen, die sich in Deutschland oder sogar weltweit engagieren.

✱ **Fragen kostet nichts.** Wenn ihr für Projekte Hilfe braucht, dann sprecht jeden dazu an, der eine Hilfe sein könnte. Vielleicht gibt es in eurer Umgebung jemanden, der zu dem entsprechenden Thema schon viel auf die Beine gestellt, dazu geforscht oder wilde Ideen entwickelt hat. Fragt ihn einfach! Wer nicht mit von der Partie sein will, kann schließlich Nein sagen.

✱ **Raus aus der Versenkung!** Ihr könnt noch so coole Ideen haben, wie wir Menschen weltweit das Klima und unsere Lebensgrundlagen schützen können – wenn keiner davon erfährt, dann bleiben sie nichts weiter als Ideen.

✱ **Seid frech, ohne die Spielregeln zu verletzen.** Wenn wir immer nur nett und höflich alles mitmachen, was sich ein paar Dummköpfe ausgedacht haben, ändert sich nichts. Dann verbrauchen wir weiterhin mehr, als unser Planet uns zur Verfügung stellen kann. Und ihr zahlt später den Preis dafür.

✱ **Auch Kleinvieh macht Mist** – ich weiß, wovon ich rede. Und ganz viel Kleinvieh macht richtig viel Mist. Je mehr Kinder und Jugendliche sich für Klimaschutz und damit für eine gerechtere Welt einsetzen, umso schwerer können Erwachsene wegsehen und umso schneller können Ziele erreicht werden. Nicht jeder muss gleich so ein Superheld werden wie Boyan Slat oder Felix Finkbeiner. Es reicht auch schon, erst mal ein dickes Emelchen im eigenen Haus, in der eigenen Schule oder dem Stadtteil oder Dorf zu züchten.

✳ **Träumt einfach drauflos** und fragt erst später nach dem Weg zum Ziel! Boyan Slat hatte ja auch nicht gleich den Bauplan für sein Meeres-Reinigungs-Projekt im Kopf. Er wusste nur, dass er die Ozeane vom Müll befreien will. Nur wer sich traut zu träumen, kann überhaupt etwas verändern. Wie ihr zum Ziel kommt, könnt ihr dann im zweiten Schritt überlegen.

✳ **Sucht euch Vorbilder!** Die beweisen euch, dass scheinbar Undenkbares möglich werden kann. Wer hätte gedacht, dass eine Jugendliche aus Pakistan das Leben von Tausenden von Kindern verbessern kann und dafür sogar den Friedensnobelpreis bekommt?

✳ **Auch Erwachsene popeln in der Nase!** Wenn euch ein Politiker, ein Wissenschaftler, ein Lehrer oder irgendein anderer Erwachsener so »groß« vorkommt, dass ihr euch nicht mehr traut, vor ihm für eure Zukunftswünsche einzustehen, dann vergesst nicht, dass auch Erwachsene ganz normale Menschen sind. Stellt euch einfach vor, wie sie in der Nase popeln. Na, funktioniert's?

✳ Und das Allerwichtigste zum Schluss:
Kauft keine Eier mehr, sondern holt euch eigene Hühner!

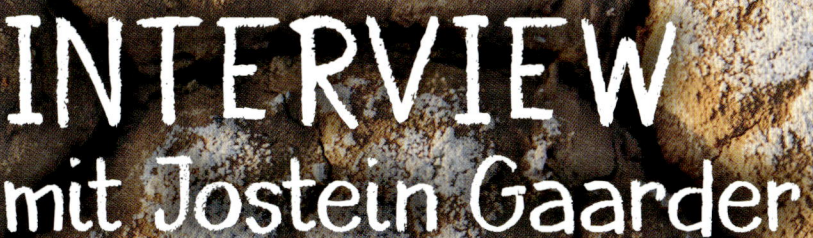

INTERVIEW
mit Jostein Gaarder

Jostein Gaarder aus Norwegen ist einer meiner Lieblings-
autoren. In seinem Buch »2084 – Noras Welt« denkt Nora
über genau die gleichen Dinge nach wie ich: Klimawandel,
Artensterben und die Zerstörung unseres Planeten, und
was man als Kind oder Jugendlicher dagegen machen kann.
Im Traum bekommt Nora plötzlich Briefe von ihrer Urenkelin
Nova, die im Jahr 2084 geboren wird. Novas Welt ist total
zerstört durch den Klimawandel, und Nova ist stinksauer
auf Nora, weil sie nichts dagegen unternommen hat, als es
noch die Möglichkeit dazu gab. Denn Nova muss ja jetzt
ausbaden, was Nora falsch gemacht hat.

Erst traue ich mich nicht, aber dann ermutigen mich
meine Eltern, meine wichtigsten Klimawandel-Fragen auf-
zuschreiben und an Jostein zu schicken. Ich erzähle in
meiner Mail von den Reisen, die wir gemacht haben, und
warum mein Leben jetzt kopfsteht, nachdem Emma uns
zu Klimaschützern gemacht hat. Und was glaubt ihr, ist
passiert? Jostein hat angeboten, dass ich ihn in Norwegen
anrufen kann, um mit ihm über meine Fragen zu sprechen.
Und hier kommen sie, mit Josteins Antworten.

Paula: Lieber Jostein, du hast eines meiner absoluten Lieblingsbücher geschrieben: »2084 – Noras Welt«. Darin hat mich ein Kapitel ganz besonders wachgerüttelt, in dem Nova nachts im Wald sitzt und auf die Zerstörung unseres Planeten blickt. Da sieht sie Hunger, Umweltkatastrophen, flüchtende Menschen. Sie weint, ist wütend und trauert um die Tausenden von Arten, die wir Menschen für immer ausgelöscht haben. Vor allem kann sie nicht fassen, dass ihre Großeltern und Eltern das alles haben geschehen lassen. Ich will nicht in so einer Welt leben wie Nova, und ich will auch nicht, dass irgendwelche Kinder in der Zukunft so leben müssen.

Jostein: Das kann ich verstehen. Zunächst muss ich dir aber erklären, dass ich aus dramaturgischen Gründen die Zeitspanne verkürzen musste, in der die dramatischsten Veränderungen stattfinden, die Wissenschaftler vorhersagen. In meinem Buch treffen sich ja Nova, die im Jahr 2084 lebt, und Nora, die im Jahr 2000 lebt. Was ich dort beschreibe – nämlich dass Tausende von Arten aussterben, dass das Eis in Grönland und das Meereis in der Antarktis schmelzen, dass es zu schlimmen Überflutungen und Dürren kommt, dass viele Menschen ihre Heimat verlassen müssen, weil sie durch den Klimawandel zerstört ist –, passiert zwar schon zum Teil. Aber es wird nicht in 70 Jahren so weit sein wie in meinem Buch. Trotzdem: Wir sind schon mitten im Klimawandel, und auch viele Arten sind schon ausgestorben oder stehen kurz davor.

Paula: Wir wissen ja was passieren wird, wenn wir unser Klima nicht schützen. Warum machen wir dann viel zu wenig?

Jostein: Da bringst du uns zur wichtigsten Frage unserer Zeit, nämlich: Wie können wir Menschen die Lebensgrundlagen auf unserem Planeten schützen? Wie können wir unsere Intelligenz nutzen, um wirklich etwas zu verändern und eine neue Richtung einzuschlagen? Und weiter gefragt: Wie kann ich nicht nur meinen Nachbarn fair behandeln, sondern auch meine Urenkel und alle zukünftigen Generationen? Wir alle kennen ja die Regel: Was du nicht willst, das man dir tu, das füge auch keinem anderen zu. Dabei denken wir an Freunde oder Verwandte. Aber ab jetzt müssen wir dabei auch an die Menschen denken, die erst in vielen Hundert Jahren geboren werden. Schließlich lebt nicht die gesamte Menschheit zur selben Zeit am selben Ort.

Paula: Uns geht es ja so gut wie wenigen Menschen auf der Erde. Wir können essen, so viel wir wollen, haben Klamotten, Häuser und Autos, machen Urlaub, gehen zur Schule und können uns fast alles kaufen, was wir haben wollen. Aber wir vergessen ganz oft, dass es anderen Menschen nicht so gut geht und dass sie manchmal sogar wegen uns leiden, auch durch den Klimawandel, den wir mit unseren Autos und Flugzeugen verursachen. Warum verändern wir unser Verhalten trotzdem nicht?

Jostein: Ich glaube, unser Gehirn funktioniert erst mal so. Wir schauen zwar links und rechts von uns nach drohenden Gefahren, wir beschützen unsere eigenen Kinder und Enkelkinder, aber wir denken einfach nicht an die Menschen, die weiter weg leben, oder an die Generationen, die erst weit nach uns geboren werden.

Paula: In Marokko hat mein Vater gesehen, wie Kinder in meinem Alter versucht haben, sich unter LKWs zu hängen, um heimlich aus Afrika nach Europa zu flüchten. Er hat mit vielen Jugendlichen an der Grenze gesprochen. Manche waren schon Monate zu Fuß durch Afrika gelaufen, um nach Europa zu kommen. Sie sind von zu Hause weggegangen, ganz alleine und ohne ihre Familie, weil sie nicht im Krieg leben oder Hunger haben wollen, weil sie zur Schule oder zur Uni gehen wollen, weil sie sauberes Trinkwasser aus einem Wasserhahn haben wollen und gute Wohnungen. Ich kann das verstehen. In so megaheißen, trockenen Ländern ist es gar nicht leicht zu überleben.

Jostein: Viele der Flüchtlinge, die bei uns in Norwegen nach einem neuen Zuhause suchen, kommen aus der Sahelzone, wo es so heiß und trocken ist, dass es dort oft zu Hungerkatastrophen kommt. Viele Wissenschaftler sagen, dass es durch den Klimawandel dort noch trockener und heißer wird. Dann hungern noch mehr Menschen. Und Menschen, die Hunger haben, fliehen in andere Länder. Sie haben gar keine andere Wahl.

Paula: Also sind das Klimaflüchtlinge? Oder was genau ist eigentlich ein Klimaflüchtling?

Jostein: Das ist eine spannende Frage, denn oft ist es gar nicht so einfach herauszufinden, was genau Menschen dazu bewegt hat, ihre Heimat zu verlassen. Wenn es in einem Land Dürren gibt oder lang anhaltende Katastrophen, dann enden diese oft in Krieg. Es gibt genügend Beispiele dafür, dass ein Mangel an Ressourcen Kriege mitverursacht. Internationale Gesetze verpflichten uns dazu, Menschen bei uns aufzunehmen, die vor Diktaturen, Krieg oder Verfolgung fliehen und Schutz suchen. Aber es gibt kein Gesetz, das besagt, dass wir auch Klimaflüchtlingen Schutz bieten müssen. Ein negativ verwendeter Begriff für Klimaflüchtlinge ist übrigens »Wirtschaftsflüchtlinge«. Dabei vergessen wir, dass schon immer Menschen fliehen mussten, um zu überleben. Am Ende des 19. Jahrhunderts verhungerten norwegische Bauern auf ihren Farmen in den engen Tälern des Landes – oder sie versuchten in den USA, ein neues Leben aufzubauen. Jeder Mensch hat den Instinkt, zu überleben und auch das Überleben der eigenen Nachkommen zu sichern. Manche Menschen haben diese Chance nicht. Wir können uns das oft nicht vorstellen, denn wir gehören zum privilegiertesten Teil der Menschheit, und in der Zukunft werden wir noch privilegierter sein, denn du und ich werden als Letzte die Auswirkungen des Klimawandels zu spüren bekommen.

Paula: Können wir Menschen unser Verhalten so stark ändern, dass unser Planet nicht zerstört wird und wir nicht Hungerkatastrophen und Kriege in anderen Ländern verursachen?

Jostein: Das ist etwas, was wir lernen können! Als ich in deinem Alter war, da war es noch ganz normal, dass Kinder geschlagen werden. Von Eltern und auch von Lehrern. Das war sogar so normal, dass niemand dazwischenging. Das wäre heute unmöglich. Wenn ein Erwachsener ein Kind in der Öffentlichkeit schlägt, reagieren wir sofort. Und warum? Weil die meisten Menschen in den letzten Jahrzehnten gelernt haben, dass wir Kinder beschützen müssen. Und jetzt müssen wir eben lernen, dass wir auch Kinder, die erst in der Zukunft geboren werden, beschützen müssen.

Paula: Indem wir schützen, was sie zum Leben benötigen. Was können wir alle machen, damit unsere Lebensgrundlagen nicht ganz zerstört werden?

Jostein: Wenn wir sehen, dass unser Planet zerstört wird, können wir ganz klar und deutlich erklären, dass wir das nicht wollen. Und ich finde es ganz wichtig, dass wir uns mit anderen Menschen zusammentun, zum Beispiel in Umweltschutzorganisationen. Dann müssen wir Vereinbarungen treffen und uns hundertprozentig daran halten. Es ist schon gut, wenn jeder Einzelne von uns etwas tut, aber es muss auch Gesetze, internationale Abkommen und Verträge geben, die verhindern, dass wir überhaupt so weitermachen können wie bisher.

Paula: Gibt es also Hoffnung für mich und meine Generation?

Jostein: Ganz klar ja! Menschen, die die Hoffnung aufgeben, sind einfach nur faul. Sie hocken auf dem Sofa und behaupten, alles sei hoffnungslos. Wenn ich mal pessimistisch bin, sage ich das nicht laut. Vielleicht flüstere ich es meiner Frau ins Ohr. Aber dann kehre ich zu meinem Optimismus zurück. Solange Menschen nämlich die Hoffnung haben, werden sie auch für ihre Wünsche und Ziele kämpfen. Und weißt du was, Paula? Das tust auch du schon, deshalb erinnerst du mich sehr an Nora!

Paula: Die ganzen Veränderungen, die wir zum Klimaschutz brauchen, aber auch um das Artensterben zu stoppen und um faire Lebensbedingungen für Menschen und Tiere zu schaffen, die brauchen doch superlange. Ich habe aber gelernt, dass das Klimasystem eine lahme Ente ist. Wenn wir heute nicht ganz viele Dinge verändern, dann könnte es zu spät sein. Weil dann viele Ökosysteme nicht mehr funktionieren und lebenswichtige Dinge wie sauberes Wasser, saubere Luft oder ein erträgliches Klima nicht mehr selbstverständlich sind.

Jostein: Ja, da gebe ich dir recht. Wir sind in der Lage, vieles zu verändern. Aber die Zeit drängt!

DANKSAGUNG

Paula, Mio, Hannah und Frieda: Ihr seid die tollste Reise-Bande, die besten Fragen-Steller, die unvoreingenommensten Türöffner und humorvollsten Experimente-Macher. Danke, dass ihr uns die Welt zeigt!

Danke, Jens, dass du bei Wind und Wetter, Tag und Nacht deine Kamera auspackst, um alle unsere Erlebnisse fotografisch festzuhalten. Du bist wahrscheinlich der einzige Fotograf der Welt, der mit der einen Hand fotografiert, während er mit der anderen filmt, mit dem linken Fuß kocht und den rechten zum Zeltaufbau einsetzt, damit unsere Projekte überhaupt möglich werden.

Klaus Wiegandt, dem dieses Buch gewidmet ist, danke ich für die wichtigen Gespräche, über die er zum Freund wurde, und für die inhaltliche Überarbeitung meiner Texte.

Ulrich Eichelmann von Riverwatch hat uns einen Schatz geschenkt, indem er uns mit der Vjosa bekannt gemacht hat. Danke dafür und für die prompte inhaltliche Überarbeitung der Vjosa-Texte.

Jostein Gaarder hat großzügig, geduldig und weise Paulas Fragen telefonisch beantwortet und wichtige Impulse gegeben, die uns seit Jahren begleiten.

Auf unseren Reisen begegnen wir Menschen, die uns die Augen öffnen, die Wege aufzeigen, tausende Fragen am Tag geduldig beantworten, uns in ihren Familien aufnehmen, ihr Wissen, ihre Toiletteneimer, Pferde, Kochtöpfe, Schlitten und noch vieles mehr mit uns teilen. Ihr seid das Herz dieses Buches und unseres gesamten Projektes.

Saskia Pfaff, Marcus Pieker und das gesamte Team von Jack Wolfskin haben unser Projekt großzügig und begeistert unterstützt, von Anfang an und selbst bei heftigem Gegenwind.

Christiane Laura Schultz und Carla Felgentreff, meinen fabelhaften Lektorinnen, danke ich für die tolle Zusammenarbeit und dem Oetinger Verlag dafür, dass sie einem der wichtigsten Themen unserer Zeit einen Platz im Programm einräumen.

greenprint *
klimapositiv gedruckt

Höchster Standard für Ökoeffektivität.
Cradle to Cradle™ zertifizierte
Druckprodukte innovated by gugler*.
Bindung ausgenommen

Dieses Buch ist etwas ganz Besonderes, denn
es wurde mit dem C2C-Prinzip hergestellt.

© 2019. Verlag Friedrich Oetinger GmbH
Poppenbütteler Chaussee 53, 22397 Hamburg
Alle Rechte vorbehalten
Text: Jana Steingässer
Fotos: Paula und Jens Steingässer
Umschlaggestaltung und Illustrationen: Andrea Pieper
Satz: fuxbux, Berlin
Druck und Bindung: gugler* print, 3390 Melk / Donau,
Auf der Schön 2, Österreich
Printed 2019
ISBN 978-3-7891-0965-2

www.oetinger.de